Johann Szegö

Wiener Viertel

Wie Grinzing, Hütteldorf & Co.
zu ihrem Namen kamen

UEBERREUTER

ISBN 3-8000-7036-7

Covergestaltung: verlagsbüro wien / kurt hamtil
Coverfoto: Österreich Werbung / Markowitsch

Druck: Ueberreuter Print
1 3 5 7 6 4 2

Ueberreuter im Internet: www.ueberreuter.at

Inhalt

GESCHICHTLICHER ÜBERBLICK

I. Kurze Einführung

Es gehört heute mehr oder minder zum allgemeinen Geschichtswissen in Wien, dass sich die Stadt ungefähr von 1200 bis zur Demolierung der alten Stadtbefestigung auf das Gebiet der heutigen Innenstadt beschränkt hat. Und als auf Geheiß Kaiser Franz Josephs ebendiese alte Bastei 1858 verschwinden musste, um der neuen Ringstraße Platz zu machen, wurden erst die Vorstädte an Wien angeschlossen.
Das stimmt aber nicht ganz!
Die heutigen Bezirke II bis IX und XX sowie Teile des X. Bezirks wurden bereits früher an die Hauptstadt angegliedert.
Blicken wir zurück ... Obwohl man mit Zahlen und Statistiken auch die widerstandsfähigsten Leserinnen und Leser zum Einschlafen bringen kann, versuchen wir zuerst die grandiose Entwicklung Wiens und der Vorstädte zu dokumentieren!
1754 berichteten die Rokokostatistiker Maria Theresias, dass Wien 175.460 Untertanen zählte.
»Super! Die Traumgrenze von 200.000 ist überschritten!« So oder so ähnlich hätten die Beamten Josefs II. triumphieren können, wenn sie sich des Stils der Gegenwart befleißigt hätten: 1783 waren es nämlich bereits 207.797 Einwohner.
Es ging weiter aufwärts, wenn auch nicht ohne Rückschläge. 1800 waren es 231.049 Bewohnerinnen und Bewohner, durch die napoleonischen Kriege ging die Bevölkerung 1812 jedoch wieder auf 224.548 zurück.
Dann kam das Biedermeierwirtschaftswunder! 1820 zählte man 260.224 Einwohner, 1840 bereits 356.869. Aber wir dürfen nicht ver-

gessen: die 34 Vorstädte gehörten noch nicht zu Wien! Wieso kamen sie an die Hauptstadt?

Angefangen hat alles (wie viele andere Reformen ebenfalls) im Revolutionsjahr 1848, das heute fast ignoriert wird. Geplant wurde ein Gemeinderat für Wien mit 150 gewählten Mitgliedern. Elf von diesen 150 Stadtvätern (Stadtmütter gab's noch keine) sollten von den Vorstädten gestellt werden. Einige Vorschläge waren für heutige Begriffe seltsam oder unvorstellbar, z. B. sollten von den fünf Schottenfelder Mandataren vier Fabrikanten sein oder die Rossauer Vertreter hauptsächlich Holzhändler.

Im September wurde gewählt, elf Vertreter der Vorstädte saßen also im Gemeinderat, das heißt, der erste Schritt zur Vereinigung war getan – aber die Vorstädte waren zu der Zeit noch immer selbstständige Gemeinden, die nicht zur Hauptstadt gehörten.

Wir wollen hinzufügen: diese selbstständigen Vorstädte (oder Gemeinden) waren gar nicht so lange selbstständig, denn erst in diesem Jahre 1848 wurden die Grundherrschaften abgeschafft und …

Was waren eigentlich die Grundherrschaften?

Die gab es seit dem Mittelalter. Der Grundherr hatte das Recht, Steuer und Robot einzufordern, er war zuständig für die Verwaltung und urteilte auch als Gerichtsherr. Die Grundherren waren oft hohe Aristokraten, aber auch der Landesfürst, manchmal die Stadt Wien oder Klöster. Und weil der Grundherr sich nicht um jeden Hendldieb persönlich kümmern konnte, ernannte er die Ortsrichter. Die Grundherrschaften konnten selbstverständlich jederzeit verkauft, ausgetauscht, verpfändet oder auch verschenkt werden. Die ersten Erwähnungen der diversen Stadtteile im 11.–13. Jahrhundert sind meistens mit ebendiesen Schenkungen verknüpft: der Landesherr hatte dem Ritter namens so und so irgendwelche Güter geschenkt.

Die Rechte der Grundherren wurden zuerst von Kaiser Leopold I. angeknabbert (das so genannte »Burgfriedsprivileg« 1698). Er erweiterte gleichzeitig die Rechte des Wiener Magistrats und gab ihm gewisse Kompetenzen auch außerhalb der Stadtmauern. Die Vorstädte zahlten Steuern an Wien (dafür musste die Stadtverwaltung auch gewisse

Arbeiten bezahlen). Und es wäre ein Wunder gewesen, hätte Josef II. nicht auch an den Rechten der Grundherren herumgekratzt! 1784 ordnete er an, dass die Gerichtsbarkeit in den Vorstädten vom Wiener Magistrat auszuüben sei. 1848 war es dann mit den Grundherrschaften vorbei, die Ortsrichter wurden von frei gewählten Bürgermeistern abgelöst.

Aber zurück zu den Gemeindewahlen 1848, zu diesem ersten Schritt auf dem Weg der Vereinigung der Hauptstadt mit den Vorstädten:

Es musste bald der zweite Schritt unternommen werden! Innenminister Graf Stadion war der Motor der Vereinigungsbestrebungen. Er dachte sogar an die Einbeziehung der außerhalb des heutigen Gürtels liegenden Vororte – aus dieser Idee wurde einstweilen nichts, sein Plan scheiterte an einigen Stadtpolitikern, die die Proletarier der neuen Industrieviertel nicht in der Hauptstadt haben wollten. Aber der zweite Schritt wurde dennoch bald Wirklichkeit: am 17. März 1849 wurde das provisorische Gemeindegesetz von Kaiser Franz Joseph sanktioniert.

§ 4 verdient es, zitiert zu werden:

Wenn einzelne Gemeinden die Mittel nicht besitzen, um den ihnen durch dieses Gesetz auferlegten Pflichten nachzukommen, so werden dieselben mit anderen zu einer einzigen Ortsgemeinde vereinigt. Bei einer solchen Vereinigung darf jedoch das Vermögen und Gut der einzelnen Gemeinden wider deren Willen nicht zusammengezogen werden.

Es ist eindeutig: die neuen Zeiten brachten neue (und teurere!) Aufgaben für die Gemeinden, die die kleinen nicht mehr tragen konnten!

II. Die Angliederung der Vorstädte

Jetzt ging alles mit einer absolut unbiedermeierlichen Geschwindigkeit weiter. Am 21. März 1849 wurde eine Kommission gegründet (zwei spätere Bürgermeister gehörten ihr an: Andreas Zelinka und Cajetan Felder) und bereits am 6. März 1850 wurde die *Provisorische*

Gemeindeordnung für Wien beschlossen. Im Sinne dieser Regelung bestand Wien nunmehr aus acht Bezirken – und zwar:
I.: Innere Stadt
II.: Leopoldstadt mit Brigittenau, *Jägerzeile, Leopoldstadt* (auch Prater, Krieau, Freudenau), Zwischenbrücken
III.: Landstraße mit *Erdberg, Landstraße, Weißgerbervorstadt*
IV.: Wieden mit *Hundsturm, Hungelbrunn, Laurenzergrund, Margareten, Matzleinsdorf, Nikolsdorf, Reinprechtsdorf, Schaumburgergrund, Wieden*
V.: Mariahilf mit *Gumpendorf, Laimgrube* (teilweise), *Magdalenengrund, Mariahilf* (teilweise), *Windmühle*
VI.: Neubau mit *Altlerchenfeld* (teilweise), Laimgrube (teilweise), Mariahilf (teilweise), *Neubau, Schottenfeld, Spittelberg, St. Ulrich*
VII.: Josefstadt mit Alsergrund (oder Alservorstadt, teilweise), Altlerchenfeld (teilweise), *Breitenfeld, Josefstadt, Strozzigrund,* St.Ulrich (teilweise)
VIII.: Alsergrund mit *Alsergrund* (oder Alservorstadt; teilweise), *Althangrund, Himmelpfortgrund, Lichtental, Michelbeuern, Rossau,* Spittelau (teilweise), *Thurygrund.*

Die *kursiv* angegebenen Ortsnamen zeigen die 34 Vorstädte.

Natürlich gab es Gegenstimmen, fast könnte man sagen Sabotageaktionen. Die Finanzgewaltigen Mariahilfs weigerten sich etwa, das Gemeindevermögen abzuliefern. Aber die Wogen glätteten sich bald. Auf jeden Fall entstand eine Stadt mit 431.147 Einwohnern, mit 55,4 Quadratkilometern Stadtgebiet und mit 37,9 Kilometern Umfang. Und mitten in dieser neuen Großstadt befand sich noch immer die alte Befestigungsanlage, deren Demolierung – im Sinne des im Dezember 1857 geäußerten kaiserlichen Willens – 1858 beginnen sollte.
Nebenbei bemerkt: diese provisorische Gemeindeordnung sollte zu den verhältnismäßig kurzlebigen Provisorien gehören: sie war – mit kleinen Änderungen – bis 1890 in Kraft. Also nur 40 Jahre lang!
Verehrte Leserinnen und Leser, Sie haben die Bezirkseinteilung si-

cherlich kritisch betrachtet. Etwas stimmt da nicht ab dem IV. Bezirk. Es stimmt, dass es aus heutiger Sicht nicht stimmt! 1861 wurde im Gemeinderat beschlossen, einen Teil des IV. Bezirks abzutrennen: so entstand der V. Bezirk, Margareten. Und so wurde aus dem V. Bezirk der VI., aus dem VI. wurde der VII., der VII. wurde zum VIII. und der VIII. Bezirk mutierte schließlich zum IX. Bezirk – und jetzt stimmt wirklich alles.

Natürlich ging es bei dieser Änderung auch nicht ohne Hickhack einher: die Teilung des IV. Bezirks ward beschlossen, aber mochte die Teilung in der Längsrichtung oder in der Querrichtung erfolgen? Nach den mehr oder minder hitzigen Debatten wurde der Antrag *mit großer Majorität genehmiget,* den Bezirk quer zu teilen – so lesen wir es in den Protokollen. Verwirklicht wurde diese Abtrennung allerdings erst im darauf folgenden Jahr 1862!

Nächste Änderung: 1873 wurde schließlich beschlossen, dem IV. Bezirk noch einen Teil abzuzwicken. So entstand 1874 der X. Bezirk: Favoriten.

Aber Jahre bevor Favoriten abgetrennt, bevor der IV. Bezirk noch einmal geteilt werden sollte, hatten die Wiener Stadtväter noch ein anderes Problem zu lösen: Rund drei Dutzend Gemeinden waren ja zusammengelegt worden, wenn jede Gemeinde einen Hauptplatz, eine Kirchengasse, eine Brunnengasse oder Marktgasse hat – bitte wie sollte man sich da jetzt noch auskennen? Also beschloss der Gemeinderat 1860 die Straßennamen zu ändern, um Mehrfachnennungen zu vermeiden. 1862 konnte dies realisiert werden – und jetzt bekam Wien ein Orientierungssystem, das wahrscheinlich das weltbeste war:

Die Straßenschilder im I. Bezirk waren viereckig und rot umrandet.

In den anderen Bezirken bekamen die Radialstraßen (z. B. Alser Straße, Burggasse, Mariahilfer Straße, Rennweg) viereckige Schilder.

Die parallel verlaufenden Querstraßen (z. B. Ring, Neubaugasse, Spitalgasse) hatten ovale Schilder.

Die Straßenschilder im II. Bezirk waren violett, im III. grün, im IV. rosa, im V. schwarz, im VI. gelb, im VII. blau, im VIII. grau und schließlich im IX. Bezirk braun umrandet.

Ein geniales System! Ein denkfähiger Analphabet konnte sich anhand von Farbe und Form der Straßenschilder orientieren: in welchem Bezirk bin ich? Ist es eine Radialstraße? Wenn ja, ist alles bestens: man geht in die Richtung der Hausnummer 1 – und kommt schon ins Stadtzentrum. Denn die Hausnummern waren so angeordnet, dass die Ziffern Richtung Zentrum absteigend geordnet waren (um sich zu orientieren genügte es also, die Ziffern zu kennen. Und Analphabeten hat's im 19. Jahrhundert noch viele gegeben).

III. Die Angliederung der Vororte

Im Wiener Gemeinderat wurde schon früher angeregt, auch die Vororte an Wien anzugliedern. Diese Vororte lagen außerhalb des Linienwalls. Der Linienwall – ebenfalls eine Stadtbefestigungsanlage – wurde 1704 erbaut, seine Lage entspricht der des heutigen Gürtels. Und außerhalb dieses Linienwalls entstanden die Industriebetriebe, hier wohnten die Arbeiter, eben jene Proletarier, deren Einbeziehung in die Hauptstadt die bürgerlichen Kreise 1848 erfolgreich bekämpft und verhindert hatten. Es gab allerdings auch landwirtschaftlich dominierte Vororte, es gab den Weinbau, es gab Sommerfrischen. Die Entwicklung zur Millionenstadt fand in der zweiten Hälfte des 19. Jahrhunderts hauptsächlich in diesen Vororten statt:
1849 waren in Wien und den Vorstädten 365.948 Menschen erwerbstätig, in den Vororten waren es damals erst 128.168.
1890 stieg die Zahl der Erwerbstätigen in Wien auf 384.531 (also um rund fünf Prozent) in den Vororten aber auf 290.402 (das heißt, sie hat sich hier mehr als verdoppelt)!
Die Erweiterungsidee fand immer mehr Unterstützer, zu diesen zählten zumeist Akademiker, Intellektuelle und Künstler, die Wien vergrößern wollten, die Handwerker, die Gewerbetreibenden, die Kaufleute jedoch, also jener Kreis, der in den meisten Gemeindevertretungen die Mehrheit bildete, war eher dagegen. Man darf nicht vergessen, dass der Linienwall auch eine Steuergrenze bildete: hier wurde

die Verzehrungssteuer (oder Verzehrsteuer) eingehoben: Brachte man Lebensmittel aus den Vororten nach Wien bzw. in die Vorstädte, so musste beim Linienwall eine Steuer, eben die Verzehrsteuer, entrichtet werden (deshalb gab es beim Linienwall die Linienämter). Sie war günstig für die Produzenten in den Vorstädten als Schutz gegen die Konkurrenz, sie war aber ungünstig für die Konsumenten, weil sie die Preise hinauftrieb. Die Beibehaltung oder Abschaffung dieser Steuer galt für den einen Personenkreis als Wunschtraum, für den anderen als Albtraum. Die flotteste Reaktion kam aus dem Vorort Währing, dessen Gemeinderat mit 11 : 7 den Antrag stellte, an Wien angeschlossen zu werden.

Aber so schnell schossen jetzt weder die Preußen noch die Wiener Stadtpolitiker! Vorerst einmal wurde 1872 eine Vorortekommission gegründet, um die Angliederung der Vororte vorzubereiten.

1880 wurde sie sang- und klanglos aufgelöst.

1881 erhielt der Kaiser eine Petition, die von einer Abordnung einiger Vororte (unter der Leitung des Fünfhauser Bürgermeisters Dr. Friedrich) übergeben wurde: man wollte den Anschluss an Wien.

Also wurde im Jahr darauf eine neue Kommission gegründet – und diesmal eine erfolgreichere.

1888 geschah aber etwas noch viel Wichtigeres: Am 30. September wurde der Türkenschanzpark feierlich eröffnet. Die Eröffnungsrede hielt der Kaiser selbst! Er lobte den *erfreulichen Aufschwung der Vororte* ... und jetzt passen wir bitte ganz genau auf: *... welche ... keine physische Grenze von der alten Mutterstadt scheiden soll.*

Das war mehr als eindeutig! Außerdem kam in Wien Angst auf: Angst vor einer Konkurrenzstadt Floridsdorf! Nicht ganz ohne Grund, denn seit 1895 gab es bereits die Großgemeinde Floridsdorf.

Die Grabenkämpfe gingen indes weiter, die Liberalen waren eher für die Eingemeindung, die Konservativen eher dagegen, die finanzschwachen Gemeinden waren dafür (den finanziellen Aufschwung erhoffend), die von der Stadt weiter entfernt gelegenen, finanziell besser gepolsterten Vororte wiederum dagegen (wohl befürchtend, die eigenen Gelder würden im Budget der Großstadt Wien verschwinden). Aber all diese Gemeinden vergaßen eines: Zuständig waren nicht sie selbst, sondern der niederösterreichische Landtag! Und dort fiel die Entscheidung im Dezember 1890. 37 Mandatare stimmten für den Anschluss der Vororte an Wien, sieben waren dagegen. Franz Joseph sanktionierte zehn Tage später das *Gesetz betreffend die Vereinigung mehrerer Gemeinden mit der Reichshaupt- und Residenzstadt Wien und die Erlassung eines neuen Statutes sowie einer neuen Gemeindewahlordnung für diese.*

Des Kaisers Wunsch spielte sicher eine große Rolle. Landmarschall Graf Kinsky stellte in seiner äußerst pathetischen Rede im niederösterreichischen Landtag fest: *Wir alle, die wir hier versammelt sind, sind von warmer und freudiger Empfindung … durchdrungen, wissen wir ja doch, dass es der innigste Wunsch Seiner Majestät … gewesen ist, dass die Vereinigung zur That werde.* Er war auch optimistisch, dass … *auch diejenigen, welche anderer Meinung waren, den großen Gedanken hochhalten und schätzen werden, in dem Bewusstsein, dass das Werk im Interesse der Gesammtheit geschaffen wurde.*

Wenn auch das Gesetz bereits im Dezember 1890 in Kraft getreten war: die magistratischen Bezirksämter in den neu angegliederten Bezirken begannen ihre Tätigkeit erst am 1. Jänner 1892 (das wird der Grund dafür sein, dass der Anschluss der Vororte in etlichen Quellen mit diesem Datum angegeben ist).

Das Wiener Stadtgebiet betrug nunmehr 178,12 Quadratkilometer statt 55,4, zur Bevölkerung zählten nun 1.341.897 Einwohner statt der zuvor gezählten 817.299 und der Stadtumfang wuchs von 37,9 auf 63 Kilometer.

In den nächsten Jahren profitierten die Christlichsozialen von der Stadterweiterung (obwohl sie ursprünglich keine Anhänger der Vereinigung gewesen waren!): die Wählermassen in den Vororten brachten ihnen einige Jahre später die Mehrheit im Gemeinderat.

Wien hatte nun 19 Bezirke (statt der bestehenden zehn). Schauen wir uns diese genauer an:

I.: blieb unverändert

II.: einige Teile von Aspern wurden angeschlossen

III. bis IX.: blieben unverändert
X.: Favoriten: Teile von Inzersdorf, Wienerberg, Ober- und Unterlaa wurden an Favoriten angeschlossen
XI.: Simmering: Simmering mit Teilen von Kaiser-Ebersdorf, Kledering und Schwechat
XII.: Meidling mit Altmannsdorf, Gaudenzdorf, Hetzendorf, Ober- und Untermeidling
XIII.: Hietzing mit Baumgarten, Breitensee, Hacking, Hadersdorf, Hietzing, Hütteldorf, Lainz, Ober- und Unter-St.Veit, Penzing, Speising, die Katastralgemeinde Schönbrunn sowie Teilen von Mauer
XIV.: Rudolfsheim mit Rudolfsheim und Sechshaus
XV.: Fünfhaus
XVI.: Ottakring mit Neulerchenfeld und Ottakring
XVII.: Hernals mit Dornbach, Hernals, Neuwaldegg
XVIII.: Währing mit Gersthof, Neustift am Walde, Pötzleinsdorf, Währing, Weinhaus und Teilen von Salmannsdorf
XIX.: Döbling mit Grinzing, Heiligenstadt, Kahlenbergerdorf, Nussdorf, Ober- und Unterdöbling, Ober- und Untersievering, der Katastralgemeinde Josefsdorf sowie Teilen von Weidling

Kenner der Wiener Bezirkseinteilung dürften mit den Bezirken XIII bis XV nicht glücklich sein. Die Klärung erfolgt später!
Aber eine Klärung muss sofort erfolgen: In dieser Auflistung kam zweimal das Wort *Katastralgemeinde* vor. Was ist das schon wieder?
Eine Katastralgemeinde bezeichnet eine Verwaltungseinheit, deren einziger Zweck es gewesen ist, der Grundsteuerfeststellung zu dienen. Eingeführt wurde diese Neuerung 1817. Eine Gemeinde konnte aus mehreren Katastralgemeinden bestehen – und um die Sache noch komplizierter zu machen: ihre Grenzen mussten nicht unbedingt mit den Grenzen der Gemeinde übereinstimmen, sie konnten sich auf mehrere Gemeinden erstrecken.
Außerdem finden Sie in der Bezirksliste Namen heutiger niederösterreichischer Gemeinden (Kledering, Schwechat, Weidling); es handelt sich hier um minimale Teile dieser Ortschaften, die damals an Wien

angeschlossen wurden; Kledering etwa gab gezählte drei Häuser an Wien ab.

Bei der Vereinigung der Vororte mit Wien wurde die Verzehrsteuer nicht vergessen: die Steuergrenze wurde verlegt, die Steuer selbst erst 1921 abgeschafft. Die in den Vororten vorhandene Angst, die Vereinigung würde eine Verteuerung der Lebensmittel bringen, war nicht unbegründet: die Preise gingen zuerst wirklich hinauf. (Ich schreibe diese Zeilen eine Woche nach der EU-Erweiterung: einige Ängste in den neuen Beitrittsländern erinnern gespenstisch an die Ängste in den Vororten vor mehr als hundert Jahren!)

Nicht nur die Bewohner der Vororte wurden zur Kassa gebeten, auch die Reichshaupt- und Residenzstadt Wien: *Die Kosten für die Abgrenzung des Gemeindegebietes durch Einrichtung neuer Grenzzeichen* wurden am 4. Februar 1892 genehmigt. Aufgestellt wurden diese neuen Grenzzeichen im Oktober und November desselben Jahres und kosteten 2.500 fl (also 2.500 Gulden). Zum Vergleich: das durchschnittliche Jahreseinkommen eines Einwohners in den frisch angegliederten Gemeinden machte 580 fl aus.

Und der Linienwall?

Den gab's noch immer! Und er gehörte dem k. k. Ärar mitsamt der inner- und außerhalb liegenden, mit Bauverbot belegten Zone (innerhalb: 12 Klafter, also 22,8 Meter, außerhalb: 100 Klafter, also 190 Meter breit). Und dieses Gebiet musste die Stadt Wien dem Staat abkaufen. 1893 wurde das Geschäft abgeschlossen, noch im selben Jahr hatte man mit der Demolierung begonnen. Der Linienwall verschwand. Wo er einst gestanden, dort zieht sich heute – ungefähr – der Gürtel hin.

Ein Problem konnte man allerdings nicht lösen: Das System der Straßenschilder. Es war nicht möglich, für die neuen Bezirke jeweils eine eigene Farbe zu verwenden, wie es in den ehemaligen Vorstädten der Fall gewesen war. Also wurden die Schilder schlicht und einfach rot umrandet (wie im I. Bezirk). Dem Farbenreichtum wurde aus Sparsamkeitsgründen in den Zwanzigerjahren des 20. Jahrhunderts ein Ende gesetzt.

IV. Transdanubien, Groß-Wien (und dessen Ende)

Jetzt geschah mehr als ein Jahrzehnt lang nichts. Erst 1902 begab sich Anton Anderer, der Bürgermeister Floridsdorfs, ins Wiener Rathaus, um die Eingemeindung der transdanubischen Gemeinden vorzuschlagen. Sein Wiener Kollege Dr. Karl Lueger war dafür, obwohl er die Stadterweiterung in den Neunzigerjahren des 19. Jahrhunderts zuerst vehement abgelehnt hatte. *Herrn Dr. Lueger, der gegen die Vereinigung der damaligen Vororte mit Wien so heftig angekämpft hat, war es beschieden, bei der* ***dritten*** *Vergrößerung der Stadt in hervorragender Weise mitzuwirken* – schrieb die »Wiener Allgemeine Zeitung«.

Und es ging jetzt schnell weiter: das am 28. Dezember 1904 beschlossene Gesetz wurde am 10. Jänner 1905 verlautbart: Aspern, Floridsdorf, Hirschstetten, Kagran, Leopoldau, Stadlau, Teile von Breitenlee, Groß-Jedlersdorf, Kaiser-Ebersdorf-Herrschaft (Katastralgemeinde), Lang-Enzersdorf, Mannswörth, Stammersdorf und Strebersdorf, also insgesamt 94,49 Quadratkilometer mit 51.909 Einwohnern, bildeten nunmehr den XXI. Bezirk. Und weitere Teile Mauers wurden so nebenbei an den XIII. Bezirk angegliedert. Was Mannswörth und Lang-Enzersdorf betrifft: das waren minimale Teile und werden deshalb in der künftigen Beschreibung ignoriert.

Hier begegnen wir demselben Problem wie bereits 1890/1892: das Magistratische Bezirksamt für den XXI. Bezirk nahm seine Tätigkeit erst am 1. Jänner 1906 auf. Den Schreiber dieser Zeilen quälen schreckliche Albträume: Wo hat die Floridsdorfer Bevölkerung zwischen dem 10. Jänner 1905 und dem 1. Jänner 1906 all ihre bürokratischen Probleme erledigt?

Und dieselbe Frage, dieselbe Unsicherheit stellt sich wie nach dem Anschluss der Vororte: Seit wann gehört Floridsdorf zu Wien?

Seit dem Gesetzesbeschluss 1904?

Seit der Verlautbarung 1905?

Seit dem Arbeitsbeginn im Bezirksamt 1906?

Die korrekt-bürokratische Antwort wäre: 1905. Denn im Artikel XV des Gesetzes von 1904 steht geschrieben, dass das Gesetz am Tag seiner Kundmachung in Kraft tritt. Aber während diese Zeilen im Jahr 2004 geschrieben werden, beginnen in Floridsdorf schon die Feierlichkeiten anlässlich des Hundertjahrjubiläums. Lassen wir Floridsdorf feiern, das Wiener Riesenrad hat ja auch zweimal das Centenarium gefeiert, nämlich 1996 und 1997 (1896 war Baubeginn,1897 der Ende des Baus). Und wir haben ja immerhin sowohl 1976 als auch 1996 »1000 Jahre Österreich« gefeiert. Vielleicht feiert Floridsdorf nächstes Jahr wieder!

Gab es in diesem Vereinigungsgesetz noch etwas Wichtiges? Aber sicher!

Genauso wie es bereits 1890 anlässlich der Vereinigung der Vororte mit Wien der Fall gewesen war, behielten Ehrenbürger der angeschlossenen Gemeinden all ihre Rechte bei. Stiftungen in den Gemeinden mussten nach wie vor widmungsgemäß verwendet werden.

Am 1. Jänner 1911 kam auch der Rest von Strebersdorf an den XXI. Bezirk (und Rest-Mauer sowie Rest-Hadersdorf an den XIII. Bezirk). Es lebten nunmehr 2.004.939 Menschen auf einem Gebiet von 275,88 Quadratkilometern. Der Umfang der Stadt betrug nun 101,1 Kilometer.

Aus der Reichshaupt- und Residenzstadt wurde bald die Hauptstadt der Republik, später der Reichsgau Wien. Der NS-Bürgermeister (und SA-Brigadeführer) Dr. Neubacher frohlockte in seiner Rede am 12. Oktober 1938: Wien werde flächenmäßig die sechstgrößte Stadt der Welt, die größte im Reich, werden.

Und warum das?

Neubacher klärte auf: die Stadt Wien ist *wegen ihrer strategischen Lage eine große Garnison geworden ... ein machtvolles Zentrum der Wehrmacht des Reiches.*

Auf die Vorzüge, Garnison und Wehrmachtszentrum geworden zu sein, hätte Wien einige Jahre später sicher gerne verzichtet …

Drei Tage nach Neubachers Rede war es dann so weit: am 15. Oktober 1938 wurden 97 weitere Gemeinden an Wien angeschlossen.

Was war neu?

Groß-Enzersdorf wurde der **XXII. Bezirk**, die Grenze zwischen dem damaligen XXI. und dem XXII. Bezirk war aber mit der heutigen Bezirksgrenze nicht identisch. Sie verlief entsprechend der Ostbahnlinie, dann folgte sie der Nordbahn (große Teile des heutigen XXII. Bezirks gehörten damals zu Floridsdorf). Bisamberg, Gerasdorf, Lang-Enzersdorf zählten jetzt u. a. auch dazu!

Schwechat bildete den **XXIII. Bezirk** – mit Gramatneusiedl, Himberg, Kledering, Mannswörth, Maria-Lanzendorf, Schwadorf, Zwölfaxing, etc.

Mödling wurde der **XXIV. Bezirk** und umfasste z. B. Brunn am Gebirge, Gießhübl, Gumpoldskirchen, Hinterbrühl, Laxenburg, Münchendorf, Thalern, Vorderbrühl.

Liesing kam als **XXV. Bezirk** zu Wien und war größer als der heutige XXIII. Bezirk. Kaltenleutgeben, Perchtolsdorf und Vösendorf gehörten u.a. dazu.

Klosterneuburg bildete schließlich den **XXVI. Bezirk** – mit Gugging-Höflein, Kierling, Weidling, etc.

Außerdem wurde der XIV. Bezirk beträchtlich vergrößert: Purkersdorf etwa wurde daran angeschlossen!

Wien hatte also während der NS-Zeit 26 Bezirke mit 2.087.000 Einwohnern. Aus den bereits ansehnlichen 275,88 Quadratkilometern wurden 1.218! Und ein Spaziergang um Wien herum bedeutete einen Fußmarsch von 226 Kilometern!

Einige Bezirksgrenzen wurden geändert: der XIV. Bezirk (Rudolfsheim, Sechshaus) wurde an den XV. angeschlossen, die nördlich des Wienflusses liegenden Teile des XIII. Bezirks bildeten nun den XIV. Bezirk, der XVIII. Bezirk verlor die Gebiete nördlich der Peter-Jordan-Straße an den XIX. Diese Änderungen gelten noch immer und damit erfolgte jene Klärung, die ich bei der 1890er-Bezirkseinteilung in Aussicht gestellt habe.

Einige der im Jahr 1938 angegliederten Gemeinden hatten einen urbanen Charakter und passten wirklich zur Hauptstadt, andere bewahrten ihr traditionelles Antlitz. Dem trug die Zweite Republik Rechnung: Zuerst verabschiedete der niederösterreichische Landtag im Jahr 1946 ein Gesetz über die Rückgliederung einiger Gemeinden an Niederösterreich, einige Tage später der Wiener Landtag, zuletzt der Nationalrat. Irgendwie waren mit dieser Regelung nur die wenigsten ganz glücklich: die KPÖ schlug im Wiener Gemeinderat eine Volksbefragung vor, die ÖVP wäre auch dafür gewesen, aber schließlich stimmten alle brav für das Gesetz – ohne Volksbefragung.

Mit diesem Gesetz wurde aber die Verfassung geändert.

Kenner der Verhältnisse des Jahres 1946 wissen, was das zu bedeuten hatte: Verfassungsänderungen bedurften der Zustimmung aller Besatzungsmächte. Und weil die sowjetische Besatzungsmacht – auf ihr Vetorecht pochend – sich Zeit ließ, konnte dieses Gesetz erst 1954 verwirklicht werden. 80 Gemeinden kehrten dann nach Niederösterreich zurück! Der Wiener Bürgermeister und Landeshauptmann Franz Jonas verabschiedete sie: *Sie müssen von Wien Abschied nehmen, obwohl viele von Ihnen auch gerne weiterhin Wiener bleiben möchten ... Viel Glück und viel Erfolg für alle Zukunft!* Sein niederösterreichischer Kollege Steinböck ermutigte die abgetrennten Ortschaften und war überzeugt, dass sich die Gemeinden *aus eigener Kraft und mit einer eigenen Gemeindevertretung zu ihrem Vorteil entwickeln werden. Die Hilfe des Landes sei den zurückgekehrten Gemeinden sicher.*

Auch an den Bezirksgrenzen wurde herumgefeilt: Floridsdorf wurde geteilt, so entstand der neue XXII. Bezirk, die Donaustadt. Liesing blieb bei Wien als XXIII. Bezirk.

Jetzt hatte Wien eine Größe von 414 Quadratkilometern! Der Umfang betrug 133 Kilometer (das entspricht der halben Strecke Wien–Budapest).

Von 1850 bis 1954 erfuhr das Wiener Stadtgebiet, wie wir gesehen haben, etliche Änderungen. Aus dem vergangenen halben Jahrhundert gab es abgesehen von kleineren Veränderungen diverser Bezirksgrenzen nichts zu vermelden. Vielleicht nur so viel: der XV. Bezirk wurde 1957 umbenannt: aus Fünfhaus wurde Rudolfsheim-Fünfhaus.

DIE STADTTEILE WIENS

Ehemalige Gemeinden, die bereits vor der Vereinigung mit Wien an Vorstädte oder Vororte angeschlossen wurden, werden in dieser Auflistung nur erwähnt, wenn sie eine besondere stadtgeschichtliche Bedeutung haben. Gemeinden, die bereits früher ganz von der Bildfläche verschwunden sind, ebenfalls.
In Klammern hinter dem Namen der jeweiligen Ortschaft finden Sie die früheren, danach die heutigen Bezirkszuteilungen.
Was die historischen Schilderungen betrifft, so könnte man praktisch in der Geschichte aller Vorstädte und Vororte auf die Zerstörungen in den Ungarnkriegen im 15. Jahrhundert hinweisen, genauso wie auf die Devastierungen in den zwei Türkenbelagerungen (1529 und 1683), bei den schwedischen Angriffen im Dreißigjährigen Krieg, bei den Kuruzzeneinfällen Anfang des 18. Jahrhunderts sowie während der Franzosenkriege Napoleons. Man könnte auch auf die Entvölkerung durch die Pest 1679 und 1713 hinweisen. Um ständige Wiederholungen zu vermeiden, erfolgen diese Hinweise nur in Ausnahmefällen.

Albern (1938: XXIII., 1954: II., 1955: XI.)

Der durch seinen roten Bart berühmt gewordene Kaiser Friedrich I. bestätigte 1162 in einer Urkunde einem gewissen Conrad de Prato den Besitz von zwei Wäldchen. Eines der beiden hieß *albrah.* Damit wäre der Ursprung des Namens geklärt, nicht aber, dass diese Ortschaft rund acht Jahrhunderte später im Laufe von nur 17 Jahren drei verschiedenen Bezirken zugeschlagen wurde …

1938 errichtete die NS-Verwaltung Groß-Wien: die bis dahin niederösterreichische Gemeinde Albern (östlich von Kaiser-Ebersdorf) kam an Schwechat, das heißt an den neu gegründeten XXIII. Bezirk.

Nach dem Krieg wurde alles wieder rückgängig gemacht! Albern – wieder niederösterreichisch – lag nun in der sowjetischen Besatzungszone. Das Gesetz von 1946 bzw. 1954 sah die Angliederung Alberns an den XI. Bezirk vor, aber der XI. Bezirk gehörte zum britischen Sektor und die Sowjetunion akzeptierte den Verlust Alberns zugunsten der Briten nicht. Also: ab zum II. Bezirk, der zwar auf der anderen Seite des Donaukanals lag (und liegt), aber ebenfalls sowjetisch verwaltet war. Erst nach dem Staatsvertrag konnte das 1954 beschlossene Gesetz vollzogen werden.

Wenn man an Albern denkt, denkt man auch an den Friedhof der Namenlosen: hier wurden hauptsächlich jene beigesetzt, die von der Donau angeschwemmt worden waren. Doch der Begriff »Namenlose« stimmte nicht immer: in einigen Fällen gelang die Identifizierung.

Alsergrund (1850: VIII., 1862: IX.)

Das Wort *Alsergrund* wurde bereits ab und zu vor dem Jahr 1850 für die Alservorstadt verwendet. Unter diesem Namen fasste man 1850 einige Vorstädte zum VIII. Bezirk zusammen (später: IX. Bezirk). Heute assoziiert man den Bezirk mit dem AKH, auch mit anderen Spitälern und mit Universitätsinstituten verschiedener Fakultäten.

Ende des 19. Jahrhunderts befand sich im Alsergrund das *Krowoten-*

dörfl. Es waren keine Kroaten, sondern arme Slowaken, die in der Gegend Pelikangasse – Nadlergasse gewohnt haben. Richtiger gesagt: Es befand sich *auch* im Alsergrund ein Krowotendörfl. Denn diesen Begriff hat es in anderen Stadtteilen ebenfalls gegeben.

Alservorstadt (1850: VIII., 1862: IX.)

Mehr als zehn Kilometer lang ist der *Alsbach* (oder die *Als*). Er kommt aus dem Wienerwald, fließt parallel mit der Dornbacher Straße (die Alszeile heißt nicht zufällig so!), dann mit der Hernalser Hauptstraße, nur ein bisschen nördlicher (aber knapp südlich vom Hernalser Friedhof). In den Achtzigerjahren des 19. Jahrhunderts schaffte er diese Strecke unter Gottes freiem Himmel, erst ab der Gschwandnergasse war sie überdeckt (heute ist das selbstverständlich schon für die komplette Strecke der Fall – abgesehen vom Oberlauf im Wienerwald).

Auch der weitere Verlauf entspricht ungefähr der Strecke der Straßenbahnlinie 43. Ab dem Gürtel fließt er unter der Lazarettgasse weiter, fließt bei der Markthalle (Ecke Nussdorfer Straße – Alserbachstraße) mit dem Währinger Bach zusammen und gibt der Alserbachstraße den Namen. Der Einfachheit halber wollen wir die Änderungen des Flussbettes im Laufe der letzten 1.000 Jahre ignorieren!

Das Wort *Als* sei keltischen Ursprungs, behaupten viele Sprachwissenschaftler, heißt doch *Alt* so viel wie Bach oder kühler Bach. Aus »Alt« wurde eben »Als«. Das Wort *Als* sei slawischen Ursprungs, behaupten andere Sprachwissenschaftler, heißt doch *Olsa* so viel wie Erle und Erlen wird es hier in rauen Mengen gegeben haben.

Ob Keltisch oder Slawisch: 1044 wurde die Als das erste Mal urkundlich erwähnt. 1211 lesen wir bereits von der *Alsaerstrazze,* doch wenn's auch keine Straße im heutigen Sinne gewesen ist, überwog in der Gegend doch der Weinbau.

Zu den Grundherren gehörten nicht nur das Schottenstift, sondern auch die *Herren von Als* (vergleiche auch Hernals), die sehr begütert

waren. Ab 1270 hießen sie auch *Grecus de Als* (die Griechen von Als – wahrscheinlich wegen der Kreuzzugteilnahme eines Familienmitglieds und dessen Aufenthalts in Konstantinopel).
Die Alservorstadt ist mit der Entwicklung der Wiener Medizin, mit dem Wiener Spitalswesen, untrennbar verbunden.
Dort, wo das heutige Josefinum steht, befand sich einst der Kontumazhof: kam jemand aus pestverseuchten Gegenden nach Wien, wurde er hier 40 Tage lang festgehalten – und wenn wir daran denken, dass 40 auf Französisch *quarante* heißt, wissen wir bereits, woher das Wort *Quarantäne* stammt! Das 1784 gegründete Allgemeine Krankenhaus ist wohl bekannt, weniger bekannt aber ist, dass sein Gründer Josef II. das damals bereits rund hundert Jahre alte Großarmenhaus »nur« umorganisiert hat.
Ebenfalls erwähnenswert: der erste botanische Garten Wiens am *Schottenpoint* – das heißt am steilen Uferhang zwischen der Währinger Straße und der Lichtensteinstraße. Gegründet wurde er im 16. Jahrhundert vom großen Botaniker Charles de l'Ecluse (besser bekannt unter seinem latinisierten Namen Clusius).
Die Stadt Wien übernahm bereits 1650 die Herrschaft der Alservorstadt. Bei der Angliederung an Wien 1850 war noch die Florianigasse ihre Südgrenze; der Streifen zwischen Florianigasse und Alser Straße wurde erst später an die Josefstadt angeschlossen.

Althangrund (1850: VIII., 1862: IX.)

Der Althangrund (oder Althan) gehört zu den verhältnismäßig jungen Vorstädten, da *Graf Christoph Johann von Althan* hier erst 1685 ansässig geworden ist. Johann Bernhard Fischer von Erlach hatte das Palais Althan erbaut, das aber des Gründers Sohn Gundacker Ludwig Joseph Althan mitsamt dem Althan'schen Grund der Stadt Wien verkaufte. Diesen Gundacker Ludwig Joseph Althan finden Sie übrigens im Kunsthistorischen Museum (zwar nicht persönlich, aber auf einem Bild Solimenas wird er als kniende Gestalt vor Kaiser Karl VI. dargestellt).

Der erste schriftliche Hinweis auf den *Althan'schen Grund* stammt aus dem Jahre 1755, der erste Hinweis auf eine selbstständige Vorstadt *Vorstadt Gf. Althannischer Grund* aus dem Jahr 1778.
Zum Althangrund gehörte auch die Spittelau. Sie war ursprünglich eine Insel, 1677 wurde hier eine Peststation errichtet: die Pestkranken wurden vom Militär bewacht, damit sie nicht entkommen konnten. (Das Wort *Spittelau* stammt auch von diesem Pestspital, das wir heute sicher nicht als Spital bezeichnen würden.)
Das Palais Althan wurde 1869 abgerissen, dort steht heute der Franz-Joseph-Bahnhof. Der Platz vor dem Bahnhof hieß früher Althanplatz. Die nächste Bezeichnung, jene in der NS-Zeit, lautete »Platz der Sudetendeutschen«, heute heißt er Julius-Tandler-Platz.

Altlerchenfeld (1850: VII., 1862: VIII.)

1295 erscheint *Lerochved* in den schriftlichen Quellen. Ging man hier auf Lerchenjagd oder gab es einen Lärchenwald? Heute tendiert man eher zur zweiten Version, obwohl es hier ab 1337 ein landesfürstliches Jagdgebiet gegeben hat, wie es einer Urkunde Albrechts II. (1330–1358) zu entnehmen ist.
Altlerchenfeld assoziiert man heute mit den westlichen Teilen des VIII. Bezirks – aber die Ortschaft erstreckte sich ursprünglich auch westlicher, das bedeutet, dass auch die heutigen Gebiete außerhalb des Gürtels dazugehörten. Der Bau des Linienwalls schnitt jedoch Altlerchenfeld entzwei: aus den abgetrennten Teilen entstand Neulerchenfeld (vergleiche Neulerchenfeld). Das erste Mal wurde Altlerchenfeld 1850 zerschnitten: ein kleiner Teil kam an den Bezirk Neubau (samt der Altlerchenfelder Kirche), der größere Teil an die Josefstadt. Es gibt zwar im XVI. Bezirk die Neulerchenfelder Straße, aber die frühere Altlerchenfelder Straße wurde – wider die Logik – umbenannt: Sie heißt nun Lerchenfelder Straße. Heute ist sie die Grenze zwischen dem VII. und dem VIII. Bezirk.

Altmannsdorf (1890: XII.)

Der heutige Khleslplatz war das Zentrum des bereits 1136 erwähnten Ortes Altmannsdorf. Man nimmt an, dass diese Bezeichnung auf den Namen des Passauer Bischofs *Altmann* zurückzuführen ist, der – als Parteigänger des Papstes – zur Zeit des Investiturstreits zwischen Kaiser Heinrich IV. und Papst Gregor VII. im 11. Jahrhundert aus Passau vertrieben und nach Österreich gekommen war. (Ist er der erste namentlich bekannte Flüchtling?) Hier fand er Schutz bei Markgraf Leopold II., dem Schönen (1075–1095). Altmann gründete 1083 das Stift Göttweig; er starb 1091.
Seine Anhänger sollen diesen Ort gegründet (oder einen bereits bestehenden Ort nach ihm benannt) haben. Die Betonung liegt auf *man nimmt an.* Im 13. und 14. Jahrhundert sind die *Ritter von Altmannsdorf* urkundlich nachweisbar.

Aspern (1905: XXI., 1938: XXII.)

Fangen wir nicht mit den 5.000 Jahre alten Funden an, die auf recht alte Besiedlungen hinweisen, beginnen wir anno 1258, als *Asparan,* ein Ort unter den *Espen,* schriftlich erwähnt wurde.
Eine andere Theorie verknüpft das Wort *Aspern* mit der Familie *Asparn,* die bereits im 12. Jahrhundert existierte. Es wird sich kaum um eine große Ortschaft gehandelt haben, hieß es doch in den Quellen auch *Asparn minus* (13. Jahrhundert) bzw. *chlain Asparn* (1375). Erst 1890 wurde *Aspern* geschrieben.
Aspern lag direkt neben der Donau, grenzte im Süden und im Westen an Wasser (man schrieb noch 1885 *Asparn a. d. D.*) und war jahrhundertelang nur durch die heutige Zachgasse bzw. Feitsingergasse erreichbar. Das Ortsgebiet verlor seinen Direktkontakt mit dem Strom durch die Donauregulierungsarbeiten vor rund 130 Jahren.
Wenn man heute das Wort »Aspern« hört, denkt man sofort an die legendäre Schlacht im Jahr 1809, an Napoleons erste Niederlage, an

den Triumph Erzherzog Karls, *an einen glänzenden Sieg über unsere Unterdrücker* (wie es die Schriftstellerin Karoline Pichler formulierte). Nach den schlachtbedingten Zerstörungen dachte man auch daran, das wiederaufgebaute Aspern nach dem Sieger zu benennen, aber die Gemeinde behielt doch ihren Namen und wurde nicht in *Carls-Sieg* umbenannt.
Aber man denke nicht nur an diesen (letzten Endes doch verlorenen) Krieg, man denke auch an den ersten Wiener Flughafen, nämlich an das Flugfeld Aspern, bei dessen Eröffnung am 23. Juni 1912 50.000 Neugierige zuschauten. Und was wir heute kaum glauben können: die Polizei zählte dabei 6.000 Autos!
1977 kam das Aus für das Flugfeld. Wo einst österreichisches und französisches Blut geflossen, wo später das Flugfeld gewesen ist, dort werden heute Autos produziert.

Atzgersdorf (1938: XXV., 1954: XXIII.)

Aus *Azichinsdorf* (1171) wurde später Ezeinsdorf und nach weiteren verschiedenen Schreibweisen erst 1850 Atzgersdorf. Der Ursprung liegt im Eigennamen *Atzichi.* Man nimmt an, dass der Ort bereits im 9. Jahrhundert gegründet worden ist.
Die Ackerbauern und Weinbauern waren treue Untertanen ihrer jeweiligen Lehensherren. Die bekanntesten waren Jörg von Liechtenstein, der Jesuitenorden und nach dessen Auflösung (1773) die Grafen von Starhemberg.
Um uns die damaligen Größenordnungen vorzustellen: 46 Häuser gab es dort im 18. Jahrhundert! Allerdings lag Atzgersdorf verkehrstechnisch günstig und konnte daher 1794 eine Wegmaut nicht nur einführen und verlangen, sondern auch kassieren. Einige Jahre später entdeckte man eine andere Einnahmequelle, nämlich das Mineralwasser.
Als unabhängige Gemeinde konstituierte sich Atzgersdorf erst im Jahr 1850. Die Industrialisierung im 19. Jahrhundert war natürlich

auch hier spürbar. Anfang des 20. Jahrhunderts dachte man öfter an eine Vereinigung mit Erlaa und Liesing, diese Vereinigungspläne wurden aber erst 1938 verwirklicht (nachdem Atzgersdorf 1937 einen Teil seines Gebiets an Meidling verloren hatte).

Baumgarten (1890: XIII., 1938: XIV.)

Schon die Römer kannten den Verkehrsweg Vindobona – Flötzersteig – Hütteldorf, ohne die zwei letztgenannten Namen gekannt zu haben. Sie verließen Vindobona also auf dem Weg entlang der heutigen Linzer Straße, wenn sie nach Cetium, Lentium oder Juvavum wollten (St. Pölten, Linz, Salzburg).

Und dort, wo die heutige Linzer Straße ist, wurde schon im 12. Jahrhundert *Poungarten* als Besitz des bayerischen Stiftes Formbach erwähnt (in lateinischer Version *pomerium).*

Der Ortskern lag (nach heutigen Begriffen) zwischen Zehetnergasse und Pachmanngasse. Mag die Ortschaft noch so klein gewesen sein, es gab Ober- und Unter-Baumgarten. Ober-Baumgarten blieb Formbacher Besitz bis 1790, Unter-Baumgarten wurde bereits im 14. Jahrhundert landesfürstlich. In der 1. Hälfte des 19. Jahrhunderts tauchen interessante Besitzer auf, z. B. die steinreiche ungarische Adelsfamilie Esterházy sowie der nicht minder wohlbestallte griechische Großbürger Sina. 1850 wurden Ober- und Unter-Baumgarten vereinigt.

Breitenfeld (1850: VII., 1862: VIII.)

Breitenfeld befindet sich in der Nordwestecke des VIII. Bezirks, im Viereck zwischen Albertgasse, Bennogasse, Breitenfelder Gasse und Florianigasse. Frühere Namen: *Alserbreite* bzw. *Eselhartsried.* Es handelte sich dabei um ein schlichtes Getreidefeld.

Der Besitzer, das Schottenstift in Wien, begann 1802 unter seinem Abt Benno Pointner mit der Parzellierung der *Oberen Alsbreite.* Noch im selben Jahr entstand die Vorstadt Breitenfeld (an den Abt erinnern heute der Bennoplatz und die Bennogasse).

Breitenlee (1938: XXII.)

Nordöstlich von Kagran, südwestlich von Süßenbrunn liegt Breitenlee.
Das kurze Wörtchen *le* hieß im Mittelalter Hügel, sagen die Sprachwissenschaftler. Der anlässlich einer Schenkung an das Wiener Schottenstift erstmals 1160 genannte Ort *Preitenle* dürfte also auf einen breiten Hügel hingewiesen haben.
Herzog Leopold VI., der Glorreiche, bestätigte die Schenkung am 28. März 1200 in Hainburg. Sein Schreiber fügte bereits einen Buchstaben dazu: aus *Preitenle* wurde *Preitenlev.* Diese Schreibweise blieb bis 1696, danach wurden die Schreiber fantasievoller und landeten 1787 bei *Braitenlee,* 1820 schließlich bei *Breitenlee.*
Natürlich gibt es auch andere sprachwissenschaftliche Deutungen. *Lewer* hieß im Keltischen »Leben«. Dachte man an einen Schutzwall, um bei Überschwemmungen über*leben* zu können? Oder ist das althochdeutsche Wort *Hleo* (Grab oder Grenze) die Lösung des Rätsels? War eine (bereits längst abgetragene) Sanddüne, der so genannte Kellerberg, die Grenze? Handelte es sich einfach um eine *breite Lache* (Lacke)?
Es gibt kaum eine Ortschaft im heutigen XXII. Bezirk, die in der Schlacht von Aspern 1809 keine Rolle gespielt hätte. Bei Breitenlee stand die Grenadierreserve der Österreicher, die dann entscheidend zum Sieg beitragen sollte.

Breitensee (1890: XIII., 1938: XIV.)

Im Besitz des bereits erwähnten Stiftes Formbach befindet sich eine Urkunde aus dem Jahr 1195, in der *Prantense* erwähnt wird (gegründet wahrscheinlich von der Familie Formbach-Ratelnberg).

1309 schrieb man *Praitten See* – dass daraus Breitensee wurde, ist klar. Weniger klar jedoch ist, woher der Name kommt. Wahrscheinlich von einem breiten Teich. Nun, diverse Teiche trockneten tatsächlich erst im 19. Jahrhundert aus, womit diese Theorie untermauert wäre.

Es gibt aber auch eine andere Meinung: in der erwähnten Gründungsurkunde wird ein *Wichpoto de Prantense* erwähnt. Einige Sprachwissenschafter glauben hier einen Hinweis auf Rodungen, und zwar auf *Brand*rodungen, zu sehen.

Ob Teiche, ob gerodete Wälder: im 19. Jahrhundert wurden in Breitensee die *Abgeschafften* angesiedelt, also die aus Wien ausgewiesenen Kriminellen. Als aber 1890 der Anschluss Breitensees an Wien beschlossen wurde, mussten die »Abgeschafften« auch dieses Gebiet verlassen.

Bereits sieben Jahre nach Inbetriebnahme der ersten Pferdebahn, also anno 1872, wurde die Linie zwischen Breitensee und dem heutigen Neubaugürtel eröffnet. 1885 wurden die Pferde pensioniert, die Linie auf Dampf umgestellt. Und was man heute kaum glauben mag: die Pfarre Breitensee wurde erst 1890 gegründet (die Weihe der Kirche allerdings wurde wegen der Ermordung der Kaiserin Elisabeth um einen Monat verschoben). Die Hauptstraße des Ortes wurde 1894 Breitenseer Straße genannt.

Brigittenau (1850: II., 1900: XX.)

Wenn man an Heilige denkt, denkt man heutzutage kaum an heilig gesprochene Schwedinnen oder Schweden. Aber es handelt sich tatsächlich um die schwedische Visionärin und Ordensgründerin *Birgitta* oder *Brigitta* aus dem 14. Jahrhundert, zu deren Ehre im 17. Jahrhundert eine achteckige Kapelle errichtet wurde. Warum?

Die Schweden bedrohen im Dreißigjährigen Krieg Wien, Erzherzog Leopold Wilhelm betet kniend in seinem Zelt, das von einer schwedischen Kanonenkugel zerstört wird, der Erzherzog bleibt jedoch auf wunderbare Weise unverletzt (eine andere Version der Legende: die Kugel rollt vor die Füße des Erzherzogs, explodiert aber nicht). Und deshalb wurde eine an das Zelt erinnernde achteckige Form für die Kapelle gewählt, deshalb erfolgte die Weihe der Kapelle zu Ehren der papsttreuen schwedischen Heiligen – so die Sage. Der Bruder des Erzherzogs Wilhelm, Kaiser Ferdinand III., unterstützte den Bau der Kapelle 1651 mit 250 Gulden.

So entstand für dieses Gebiet der Name Brigittenau (früher: *Wolfsau, Schottenau, Taborau*). Der Name wurde übrigens 1670 das erste Mal offiziell erwähnt.

Brigittenau wurde 1850 als Teil des II. Bezirks an Wien angeschlossen. Danach begann eine rapide Entwicklung, der II. Bezirk wurde zu groß. Der Leopoldstädter Gemeinderat Lorenz Müller setzte sich besonders stark für die Abtrennung der Brigittenau ein. Was ihm in den offiziellen Sitzungen nicht gelungen war, schaffte er im Gasthaus Ockermüller: er trank mit Bürgermeister Dr. Lueger ein Glas (oder waren es zwei? Oder drei?) Wein, überzeugte ihn – und flugs wurde die Brigittenau am 24. März 1900 als XX. Bezirk vom II. Bezirk abgetrennt.

Ob diese Entstehungsgeschichte der Brigittenau auch als Sage einzustufen ist, ist dem Schreiber dieser Zeilen nicht bekannt, auf jeden Fall aber wurde Lorenz Müller der erste Bezirksvorsteher des neuen XX. Bezirks. Und das Gasthaus Ockermüller hat es tatsächlich gegeben, das bedeutet: die Wahrscheinlichkeit ist groß!

Die vielleicht bekannteste und wichtigste Institution im XX. Bezirk ist heute das Lorenz-Böhler-Unfallkrankenhaus.

Donaufeld (1905: XXI.)

Vergleiche: Floridsdorf

Donaustadt (1954: XXII.)

Diese Bezeichnung entstand theoretisch 1946, praktisch 1954, als ein 102,7 Quadratkilometer großer Teil des XXI. Bezirks als neuer XXII. Bezirk abgetrennt wurde. Seither durch kleinere Bezirksgrenzänderungen auf 102,28 reduziert, ist die Donaustadt der größte Bezirk Wiens, der fast ein Viertel des gesamten Stadtgebiets ausmacht. Außerdem ist sie größer als Linz (95,97 Quadratkilometer) und größer als Salzburg (65,64 Quadratkilometer), allerdings kleiner als Graz (127,52 Quadratkilometer), Klagenfurt (120,02 Quadratkilometer) oder Innsbruck (104,89 Quadratkilometer) und natürlich viel kleiner als die zweitgrößte österreichische Stadt, nämlich Wolfsberg in Kärnten: 25.301 Einwohnern stehen hier 379,42 Quadratkilometer zur Verfügung (Wolfsberg ist also fast so groß wie Wien!).
Dass die Bezirksplaner der Nachkriegszeit für den neuen Bezirk den Namen »Donaustadt« ersonnen haben, ist verständlich. Aber warum heißt die Donau Donau?
Die untere Donau hieß in der Antike *Ister*, der obere und mittlere Flussverlauf aber *Danubius!* Man denke auch an die diversen Danubius-Darstellungen in der bildenden Kunst (Quizfrage: Wo ist in Wien der Danubius-Brunnen? Kleine Hilfe: Er heißt auch Albrechtsbrunnen.) Aber das heutige Wort *Donau* hat nach Meinung der Sprachwissenschaftler mit dem lateinischen Namen Danubius nichts zu tun – und hier melden sich wieder die Slawisten: *Dun* hieß einst »Herrin« (ähnlicher Flußname: der *Don*). Dafür spricht auch, dass die Donau in den diversen slawischen Sprachen ähnlich heißt. Und dass sie sehr wohl die Herrin sein kann, zeigte sie leider beim jüngsten Hochwasser im Jahre 2002!
In mittelalterlichen Quellen lesen wir auch oft die Schreibweise *Thonaw.*
Im Süden der Donaustadt befindet sich die *Lobau. Lo* hieß im Althochdeutschen *Wald* – wir hätten es hier also mit einer Wald-Au zu tun (was ja stimmt!). Diese war altes kaiserliches Jagdgebiet seit Maximilian I. (1493–1519). Maria Theresia hat zwar die Lobau 1747 der

Stadt Wien geschenkt, um den Brennholzbedarf der Stadt zu decken, behielt aber das Lobauer Jagdrecht für das Kaiserhaus auf *ewige Zeiten.* Na ja, ewig währt bekanntlich nichts. Immerhin konnte Erzherzog Franz Ferdinand 1897 in der Lobau seinen tausendsten Hirsch erlegen.
Derzeit ist die Lobau ein Erholungs- und Naturschutzgebiet, sie wird auch in einem Wienerlied besungen (allerdings ist sie mit dem Ölhafen und der Raffinerie gespickt). Zur südlichen Lobau gehört heute der östlichste Punkt Wiens.

Dornbach (1890: XVII.)

Dornpach lesen wir in einer 1150 ausgestellten Urkunde. Die Grundherrschaft gehörte dem Stift St. Peter in Salzburg (die St.-Peter-Gasse im benachbarten Neuwaldegg erinnert uns heute noch daran).
Dass das gleichnamige Flüsschen als Namensgeber für Dornbach fungiert hat, überrascht uns nicht.
Das benachbarte Neuwaldegg führte eine Zeit lang die Bezeichnung *Dornbach Oberes Gut,* während Dornbach selbst *Dornbach Unteres Gut* hieß. Die Grenze bildete übrigens die Als.
Am 4. Oktober 1865 schrieb Dornbach Wiener Stadtgeschichte: die erste Pferdebahn verkehrte zwischen Dornbach und dem Schottentor. Die Eröffnungsfeierlichkeiten spielten sich genauso ab, als hätten sie gestern stattgefunden: *Die Menschenmenge, die von der achten Morgenstunde an den »Pferdebahnhof« vor dem Schottentor umlagert hielt, hatte sich bis 2 Uhr, der Stunde der feierlichen Eröffnung, wenigstens verzehnfacht. Die Aufsichtsorgane hatten alle Mühe, die Passage für Wagen und Fußgänger freizuhalten.* Im ersten Wagen saß – nein, nicht der Wiener Bürgermeister, sondern Statthalter Graf Chorinsky. *Die prächtigen Vierergespanne … langten … in etwa 20 Minuten an der Haltestelle jenseits Hernals an … Als der Champagner perlte, eröffnete der Herr Statthalter die Reihe der Trinksprüche* – so berichtete am nächsten Tag die »Wiener Zeitung«.

(Kleine Zwischenbemerkung des Autors: die »super-ultra-mega-hypermodernen« Züge der Straßenbahnlinie 43 brauchen heute auch ungefähr 20 Minuten, um vom Schottentor zur Güpferlingstraße, das heißt »jenseits Hernals«, zu gelangen).
Dass die Stellwagenbesitzer damals das totale Verkehrschaos prophezeit (und sogar gegen die neue Konkurrenz demonstriert) haben, überrascht uns heute nicht. Aber wozu hatte man damals schließlich noch die berittene Polizei!
18 Jahre später wurde Dornbach ein Musik- und Unterhaltungszentrum: die Wiener strömten in rauen Mengen hin, um in der *Güldenen Waldschnepfe* das Schrammelquartett zu hören.
Bei der Eingemeindung 1890 verlor Dornbach einen Teil seines Gebiets an Hadersdorf.

Döbling (1890: XIX.)

Wie es auch sonst oft geschieht: es kämpfen die Germanisten gegen die Slawisten. War es 1114 ein slawisches Wort (warme Quellen oder Pappel) oder ein deutsches Wort (Bachrinne), das man in *Teopilc* entdecken kann? Oder aber, eine ältere Vermutung, handelte es sich um die Güter einer Familie dieses Namens?
1216 schrieb man bereits *Toblich*, 1336 sogar *Töbling*. Die Grundherrschaft übten ab 1286 die Tullner Dominikanerinnen aus.
Ab 1591 unterschied man das südlicher liegende, ältere Oberdöbling (bereits im 9. Jahrhundert besiedelt) und das durch den Krottenbach getrennte, nördlicher liegende Unterdöbling (Unterdöbling wurde bis zum 16. Jahrhundert auch als Krottendorf bezeichnet!).
Achtung, Ausnahme: »Unten« heißt für gewöhnlich stadtwärts gelegen, »oben« bedeutet weiter vom Stadtzentrum entfernt (vergleiche auch Ober- und Unter-Meidling bzw. St.Veit) – im Falle Döblings aber ist es umgekehrt.
1890 wurde Döbling bekanntlich der Name des XIX. Bezirks und in diesem XIX. Bezirk geschah 1894 etwas ganz Neues: das erste Fußball-

spiel in Wien wurde auf der Hohen Warte ausgetragen. 40 Jahre später folgten traurigere Ereignisse: Der Karl-Marx-Hof (Heiligenstädter Straße 82–92) war das Zentrum der Bürgerkriegskämpfe im Februar 1934.

Zu Döbling gehören die höchsten Berge (Hügel, Erhebungen – wie Sie wünschen!) Wiens:

Am Himmel (414,6 Meter hoch): Als *Pfaffenberg* wurde er bereits 1340 urkundlich erwähnt. Um 1780 herum bürgerte sich *Am Himmel* als zweiter Name ein, nach einer hier befindlichen Villa bzw. nach einem Gasthaus (»Himmel« war aber auch ein oft verwendeter Name hoch gelegener Grundstücke).

Cobenzl: *Laidersperch, Latisberg,* später *Reisenberg* hatte dieser Berg (ob »Reisenberg« nach dem Wort »Reisig« benannt ist – das ist unklar!) geheißen, den der Jesuitenorden 1750 gekauft hatte. Nur 23 Jahre danach wurde der Orden aufgelöst, der Kunstförderer und Politiker Philipp Johann *Graf von Cobenzl* (1741–1810) erwarb den Reisenberg, der nunmehr den Namen des neuen Besitzers erhalten sollte. Er ist 492,7 Meter hoch. Das Wort »Latisberg« wird ab und zu heute noch gebraucht.

Hermannskogel (543,2 Meter hoch): Hier befindet sich der höchste Punkt Wiens! Das Wort stammt aus dem Jahr 1355: *Hermanns chobel.* Das Wort »Chobel« oder »Kobel« kann man getrost mit dem in Österreich üblichen Wort »Kogel« gleichsetzen, er dürfte einem gewissen Hermann gehört haben. Eine hier befindliche Quelle (das »Jungbründl«, ab 1817 »Agnesbründl«) zog ob ihrer Heilwirkung jahrzehntelang die Menschen an.

Kahlenberg: *Castrum Chalenperch* schrieb ein Schriftkundiger im Jahr 1231 – und meinte wahrscheinlich eine Burganlage im Kahlenbergerdorf. Was den Ursprung des Namens betrifft, sei auch auf die bereits 1115 nachgewiesene Familie dieses Namens hingewiesen. Der Kahlenberg ist 483,7 Meter hoch. Über den Kahlenberg lesen Sie bitte bei Josefsdorf weiter.

Leopoldsberg: Markgraf Leopold III., der Heilige (oder der Fromme), hat 1101 auf diesem 424,6 Meter hohen Berg eine Burg gegründet – so liest man oft.

Nun, das tat er nicht, aber dieser Legende ist kaum beizukommen. Dennoch gab es eine Burg auf diesem Berg, allerdings erst ein bisschen später: der Habsburgerherzog Albrecht I. suchte hier 1287 (erfolgreich!) Zuflucht, als er mit den Wiener Bürgern seine Schwierigkeiten hatte. Dass der damalige Kahlenberg ca. 400 Jahre später in Leopoldsberg umbenannt werden sollte, hatte Albrecht I. sicher nicht geahnt (vergleiche auch Josefsdorf).

Vogelsangberg (516,2 Meter hoch): Die Namensgebung ist sonnenklar: die Singvögel gelten hier als Taufpaten!

Und noch eine Döblinger Institution verdient es, erwähnt zu werden: die Zentralanstalt für Meteorologie und Geodynamik auf der Hohen Warte.

Erdberg (1850: III.)

Zitieren wir eine Beschreibung aus dem Jahr 1730: es gibt in Erdberg *nichts Remarquables zu observieren.*

Also so fad war es wirklich nicht! 1668 malte etwa ein frühbarocker Heraldiker ein wunderschönes Wappen für Erdberg: nämlich ein Wappen mit *Erdbeeren*, um klar zu machen, dass der Name *Erdberg* sich von *Erdbeeren* ableiten lässt.

Die Darstellung war schön, die historische Wahrheit schaut aber anders aus: Bereits in der Völkerwanderungszeit soll es zwischen Kardinal-Nagl-Platz, Hainburger Straße, Schlachthausgasse und Erdberger Straße eine Burg gegeben haben (der starke Niveauunterschied des Bodens macht's erklärlich!), so entstand der Name *Erdpurch* oder *Erdburg* (erste Erwähnung 1192 in den Annalen des Zisterzienserstiftes Zwettl). Reste dieser Burganlage zeigt noch der berühmte Stadtplan Daniel Hubers aus dem Jahr 1774 (unter der Bezeichnung *Vogelberg*).

Die spätere Geschichte Erdbergs weist einige Unklarheiten auf. Herzog Leopold V., der Tugendhafte, hat das Gebiet dem Deutschen Orden geschenkt, so steht es in einem 1812 erschienenen Buch. Das aber kann schon wieder nicht stimmen, da der Orden erst einige Jahrzehnte nach dem Tod des tugendhaften Herrschers nach Wien gekommen ist.

Tatsache ist aber, dass in einem Erdberger Gasthaus 1192 Weltgeschichte gemacht wurde. Hier wurde nämlich Richard I. Löwenherz, der stolze englische König, verhaftet (und nicht im Rüdenhaus, wie es oft heißt – wir werden noch darauf zurückkommen).

Die finanziellen und wirtschaftlichen Folgen waren überwältigend. Das für den König bezahlte Lösegeld wirkte in Österreich wie ein mittelalterlicher Marshallplan. Wiener Neustadt wurde mit diesem Geld gegründet, Wien vergrößert, die Stadt konnte endlich die Grenzen des römischen Militärlagers sprengen und unter dem Nach-Nachfolger Leopolds V., unter Leopold VI., dem Glorreichen (1198–1230), die erste große Bauepoche der Stadtgeschichte erleben. Wien wurde das erste Mal zu einem Kulturzentrum – und nach Köln die zweitgrößte Stadt des Reichs. Die damals errichteten Stadtgrenzen blieben bis 1850 die Grenzen Wiens.

Aber bleiben wir in Erdberg! Des glorreichen Leopolds streitbarer Sohn, Friedrich II., der letzte Babenbergerherzog (1230–1246), residierte oft in Erdberg, wenn er mit den Wiener Bürgern Probleme hatte (bescheidene Zwischenbemerkung des Autors: er muss Dauergast gewesen sein).

Eine eigene Verfassung bekam Erdberg erst unter den Habsburgern, um genauer zu sein, unter Herzog Albrecht II., dem Weisen oder dem Lahmen (1330–1358). Unter seinem Sohn, Rudolf IV., dem Stifter (1358–1365), entstand in Erdberg ein Jagdschloss, das 1445 als *kaiserlicher Garten (Ruedhaus)* erwähnt wurde. Diesem Ruedhaus oder Rüdenhaus verdankt die Rüdengasse ihren Namen. Kaiser Maximilian I. (1493–1519) veranstaltete hier die größten Jagden, zeitgenössische Aufzeichnungen berichten von seinen *Rüdenmeistern* und *Rüdenknechten.*

Zu Erdberg gehörte auch die Gänseweide, die in der Wiener Justizgeschichte traurige Berühmtheit erlangte: hier befand sich jahrhundertelang der Scheiterhaufen, hier wurde die brutalste Hinrichtungsart

vollzogen: die Verbrennung. So wurde 1421 in Wien verkündet, dass *... herzog Albrecht... unser gnaediger herr alle Juedischheit ... in seinem landt auf heutigen tag geschafft zu richten mit dem prannt.*
Rund zweihundert Juden wurden *gerichtet mit dem Brand.* (Man konnte aber dem Feuertod entkommen, wenn man sich taufen ließ. Zwei dieser so genannten »Neuchristinnen« wurden Äbtissinnen. Wenn es noch so pervers klingen mag: das brutale Mittelalter war weniger brutal als die NS-Zeit: da nützte auch die Taufe nicht!)
Hier, auf der Gänseweide, wurde 1524 das erste Mal ein Protestant verbrannt: Kaspar Tauber (nachdem man ihm die Zunge herausgerissen hatte), aber auch der Wiedertäufer Balthasar Hubmayer (einer alten Wiener Legende nach entstiegen jedoch einige seiner Mitverurteilten dem Scheiterhaufen).
Erst 1733 wurde die Todesstrafe durch Verbrennung abgeschafft.
Erdberg war lange Zeit in landesfürstlichem Besitz. 1810 übernahm die Stadt Wien nach mehreren Besitzerwechseln die Grundherrschaft.

Erlaa (1938: XXV., 1954: XXIII.)

In einer Urkunde aus dem Jahr 1114 lesen wir von *de Erila.* Ging es um Erlengehölz? Wir sind wieder auf Vermutungen angewiesen. 1170 schrieb man schon *Erlahe.*
In der Liste der Erlaaer Grundherren finden wir wohl bekannte Namen des Hochadels: Kinsky, Seilern, Starhemberg, Taaffe. Am wichtigsten aber war das Schloss Erlaa, das Mitte des 18. Jahrhundert unter dem Fürsten Georg Adam von Starhemberg errichtet wurde (er erwarb bekanntlich auch die Herrschaft Atzgersdorf). Die Trennlinie zwischen Erlaa und Atzgersdorf war übrigens der Liesingbach.
In der Biedermeierzeit entwickelte sich das Ortsgebiet zur Triester Straße, genau dort bildete sich dann Neuerlaa, das bereits um 1870 mehr Einwohner als die ursprüngliche Siedlung hatte.
Von den im 19. Jahrhundert errichteten Betrieben soll hier die Brauerei erwähnt werden. Und die Wohntürme von Alt-Erlaa sind heute

schon ein Wahrzeichen der Architektur der späten Siebziger- und frühen Achtzigerjahre des 20. Jahrhunderts geworden.

Essling (1938: XXII.)

Mitte des 13. Jahrhunderts tauchten die Ortsnamen *Eselaren* bzw. *zen ezzelaeren* auf. Nun, *ezzen* hieß im damaligen Deutsch »weiden«. Von Eselaren kam auch *Konrad von Eslarn,* der 1287 Bürgermeister Wiens werden sollte (er ist erst der dritte in der langen Reihe der Bürgermeister Wiens!). Die Familie Eslarn residierte im bereits 1287 erwähnten Schloss Eslarn. Zu den späteren Besitzern gehörten z. B. die Grafen von Kinsky, aber auch Kaiser Franz I. Stefan von Lothringen.

1570 schrieb man bereits *Ehsling,* im 19. Jahrhundert *Esslingen.* 1938 – nach dem Anschluss – wurde aus Esslingen Essling, um nicht mit Esslingen am Neckar verwechselt zu werden. Nördlich der alten Siedlung befindet sich Neu-Essling.

Der berühmteste Esslinger, Raphael Donner, der große Barockbildhauer, wurde in der Esslinger Hauptstraße 95 geboren.

Noch ein kleiner Hinweis: Wenn Sie Ihren französischen Freunden über die Schlacht von Aspern erzählen wollen, seien Sie nicht überrascht, dass diese Schlacht in Frankreich – wenn überhaupt – als jene von Essling bekannt ist. Nicht ganz ohne Grund: beim Esslinger Getreidespeicher, dem so genannten »Schüttkasten«, tobten erbitterte Kämpfe.

Favoriten (1874: X.)

Es ist fast unglaublich: wir haben in Favoriten keine mittelalterlichen Spuren – abgesehen von der gotischen Säule *Spinnerin am Kreuz,* wo jahrhundertelang öffentliche Hinrichtungen stattgefunden haben (die letzte am 29. Mai 1868).

Nach 1850 war die Nähe des Arsenals (ursprünglich als Kaserne gebaut) für das Gebiet bestimmend ... *aus missverstandenen fortificatorischen Gründen* gab es im *Territorium des X. Bezirks* ein Bauverbot – teilt 1895 der große Stadthistoriker Wilhelm Kisch mit. Erst nach dessen Aufhebung begann eine Bauwelle: 1862 gab es schon hundert Häuser. Zitieren wir Kisch noch einmal über die allgemeine Entwicklung: *Der X. Bezirk ist ein Kind der jüngsten Zeit und erinnert in seinem raschen Entstehen und Emporblühen an amerikanische Städte, von deren zauberhaftem Wachsthum wir oft staunend lesen, ohne daran zu denken, dass wir ein Beispiel ähnlichen, aber fester begründeten und dauerhafteren Aufschwunges so nahe haben.*

Der Name *Favorita* kommt vom Schloss *Favorita* (heute: Favoritenstraße 15 im IV. Bezirk – übrigens Maria Theresiens Geburtshaus, Sitz der Theresianischen Akademie; heute schlicht und einfach *Theresianum* genannt).

Favoriten gehörte nach 1850 zum IV. Bezirk (Wieden), aber im März 1873 wurde im Wiedner Bezirksrat der Antrag gestellt, Favoriten abzutrennen – und im September 1874 war es dann so weit: 26.789 Einwohner, die in 940 Häusern wohnten, bildeten den neuen Bezirk. Und weil dieser Bezirk sich vor der Favoritner Linie befand, bekam er den Namen *Siedlung vor der Favoritner Linie* – daraus wurde später kurz und bündig Favoriten. 1880 wohnten hier 45.765 Menschen, 1900 (bereits um Teile von Ober- und Unterlaa und Inzersdorf vergrößert) 127.626 (ein Viertel davon waren Slawen, hauptsächlich Tschechen).

1876 gab es in Favoriten die erste Kirche, 1875 den ersten Arzt. Der Gesundheit diente auch das Franz-Josefs-Spital (1887–1892 erbaut), dem Vergnügen der 1885 eröffnete Böhmische Prater (das Wort »böhmisch« klang damals noch pejorativ). Aber Favoriten ist in erster Linie mit der Wiener Wirtschaftsgeschichte verknüpft, die Firma Freissler-Aufzüge siedelte sich hier an (1880), später Hutter & Schrantz (1884) und Ankerbrot (1891).

1916 verlor Favoriten den Schweizergarten an den III. Bezirk. Damals hieß er noch Maria-Josefa-Park.

Das Vereinigungsgesetz von 1890 sah auch den Anschluss des Wienerbergs an den X. Bezirk vor. Nun, es handelte sich hier um keinen selbstständigen Vorort. Der Wienerberg befindet sich südlich der bewohnten Teile Favoritens (nördlich von Inzersdorf), dort befindet sich die bereits erwähnte Spinnerin am Kreuz sowie etliche moderne Hochbauten, die den Blickfang bilden, wenn man aus dem Süden nach Wien kommt, und in deren Schatten der alte Wasserturm fast verschwindet.

Aber am wichtigsten war einst die Wienerberger Ziegelproduktion. Begonnen hat damit 1820 ein gewisser Alois Mießbach. Die Entwicklung seiner Fabrik war Schwindel erregend. Und die Wiener Bauwelle im 19. Jahrhundert brauchte Ziegel in rauen Mengen! Beim Bau des Arsenals benötigte man – um ganz genau zu sein – 117.268.205 Stück! Wenn wir wissen, dass ein Ziegelstein 6,5 x 14 x 29 Zentimeter groß gewesen ist, dann kann man die üblichen Zahlenspielereien anstellen: aufeinander gestapelt ergibt das eine Höhe von über 7.600 Kilometern, nebeneinander gelegt sind es ca. 16.500 Kilometer, der Länge nach schließlich fast 35.000 Kilometer. 1938 wurde das aus Favoritner Ziegeln erbaute Arsenal allerdings dem III. Bezirk angeschlossen.

Nach Mießbach übernahm sein Schwiegersohn Heinrich Drasche die Ziegelfabrik (»der Ziegelbaron«, »der reichste Mann Wiens«). Drasche gehörte zu den wenigen Fabrikanten, die sich auch sozial betätigten (z. B. gründete er einen Pensionsfonds). Es waren aber trotzdem Not und Elend der Ziegelarbeiter, die den Wiener Arzt Dr. Victor Adler auf die sozialen Probleme der Bevölkerung aufmerksam machten.

In den Wienerberger Ziegelwerken spielte sich 1895 auch der erste erfolgreiche Streik der Wiener Sozialgeschichte ab: es gelang, eine fünfzehnprozentige Lohnerhöhung durchzubringen, außerdem wurde die Arbeitszeit gesenkt: Auf elf Stunden pro Tag!

Die Erfolge kosteten allerdings ein Todesopfer.

Die Ziegelproduktion wurde erst nach dem Zweiten Weltkrieg eingestellt.

Der X. Bezirk, Favoriten, wird heute auch als die viertgrößte Stadt Österreichs bezeichnet: nur Wien, Graz und Linz haben mehr Einwohner!

Floridsdorf (1905: XXI.)

Östlich der Brünner Straße befand sich die Leopoldauer Hutweide. Hier, entlang der heutigen Schlosshofer Straße, ließ im Juli 1786 der damalige Probst des Stiftes Klosterneuburg, *Floridus Leeb,* 22 Baugründe errichten. Acht weitere folgten bald an der Brünner Straße. Die Leopoldauer waren ob ihres Gebietsverlustes nicht glücklich. Sie bekamen als Ersatz Kagraner Gründe, ihre Proteste wegen des Zwangsaustausches blieben aber erfolglos.

Nur einige Wochen nach der Schenkung der Baugründe wurde dieses Gebiet zu Ehren des erwähnten Probstes schriftlich *Floridsdorf* genannt (am 25. September 1786).

51 Jahre später gab es in Floridsdorf eine einmalige Sensation: am 23. November 1837 fuhr die Kaiser-Ferdinand-Nordbahn aus Floridsdorf nach Deutsch-Wagram ab. ... *der sonderbarste Wechsel der Empfindungen durchbohrte meine Brust* ... schrieb ein Biedermeierreporter und setzte seinen Bericht fort: *Wo Rudolf von Habsburg den kühnen Böhmenkönig besiegte, wo zuerst Napoleons Siegesstern erbleichte ... die welthistorischen Stätten, an denen in jenen unvergesslichen Tagen gekämpft ward; und nun die Bahn selbst ... dieser glänzende Sieg der Industrie und der Kraft des menschlichen Geistes. Welche Betrachtungen erweckt er in der Brust jedes Denkenden.*

1874 wurde Jedlersdorf II, das so genannte Klein-Jedlersdorf, an Floridsdorf angeschlossen, 1895 entstand die Großgemeinde Floridsdorf (vereinigt mit den Gemeinden Jedlesee und Donaufeld). Was waren das für Gemeinden?

Donaufeld: 1722 wurde ein Denkmal des heiligen Patrizius außerhalb von Leopoldau aufgestellt, neben ihm 1837 eine Maschinenfabrik errichtet. Bald entstanden Arbeiterwohnhäuser, weitere Fabriksbauten folgten, 1863 wurde diese neue Siedlung *Neu-Leopoldau* genannt (westlich vom alten Ortskern).

Da Neu-Leopoldau bereits mehr Einwohner hatte als Alt-Leopoldau, wurde es 1881 mit dem südlich der Schlosshofer Straße gelegenen Mühlschüttel vereinigt. Der künstlich geschaffene Name *Donaufeld* entstand 1885, um Verwechslungen mit der älteren Gemeinde auszuschließen.

Und was bedeutet »mit Mühlschüttel vereinigt«?

Nach der Überschwemmung im Jahr 1830 begann man auf einer Donauinsel östlich von Floridsdorf Mühlen zu errichten. (Schüttel = Insel!) Bald gab es dort rund 130 Häuser! Diese Bauwelle endete 1875 infolge der Donauregulierung. Um genau diese 130 Häuser wurde Neu-Leopoldau vergrößert.

Jedlesee: Der brave Schreiber, der am 5. Juli 1014 das Wort *uotcinessevve* verewigte, konnte sicher nicht an die späteren Versionen *Uzinse, Üezense, Vezense, Uzense, Uczense, Jetzesee, Jetlsee* und zuletzt *Jedlesee* denken. Ende des 19. Jahrhundert hieß es noch *Jedlersee,* aber für uns heißt's Jedlesee!

Die Ortschaft lag westlich der heutigen Prager Straße. Im Mittelalter befand sich hier das Urfahr, nämlich die Überfahrt auf die andere Seite der Donau nach Nussdorf.

Jedlesee (bleiben wir bei der heutigen Schreibweise) litt im Dreißigjährigen Krieg unter den Schweden, litt in diversen Türkenkriegen und litt im 18. Jahrhundert, als die neue Reichsstraße nach Böhmen (die heutige Prager Straße) entstand: die Fuhrwerke vermieden die Ortschaft, die Einnahmen sanken. Erst um 1800 erfolgte der Anschluss an die neue Straße.

1803 fand ein Bonner Musiker den Weg nach Jedlesee, um hier ein Konzert zu geben – ein gewisser Ludwig van Beethoven. Und sechs Jahre später konnte die Donauüberquerung eines korsischen Advokatensohnes hier verhindert werden: Napoleons Jedleseer Misserfolg war der erste Schritt zum Sieg der Österreicher bei Aspern!

Jedlersdorf II (oder Klein-Jedlersdorf): Aus Jedlersdorf II oder Klein-Jedlersdorf wurde *Jedlersdorf am Spitz,* später einfach *Am Spitz* – unter diesem Namen wurde das Gebiet zwischen der Prager und der Brünner Straße 1804 von Jedlersdorf abgetrennt. Es handelte sich nicht um irgendeine Metropole: es waren gezählte 15 Häuser. Das wichtigste Haus war natürlich das Gasthaus Am Spitz: hier entstand nach der Vereinigung mit Floridsdorf das Bürgermeisteramt (Neubau 1901–1903). 1904 wurde aus dem Bürgermeisteramt das Floridsdorfer Bezirksamt – es handelt sich sicherlich um eines der eindrucksvollsten Bezirksamtsgebäude Wiens.

Fünfhaus (1890: XV.)

Erst nach dem Jahr 1708 wurden im Gebiet der heutigen Clementinengasse, unweit einer Meierei, schön langsam fünf Häuser gebaut. Der Karmeliterorden kaufte diese Meierei 1740 – den nächsten Satz kann man leicht erraten –, nach der Auflösung des Ordens durch Josef II. wurde das gesamte Grundstück parzelliert. Einer weiteren Bebauung stand nichts mehr im Wege: aus den ursprünglichen fünf Häusern waren 1822 bereits 119 geworden. Natürlich wurde das Fünfhauser Gebiet mit der Zeit größer: es erstreckte sich im Norden bis zur (heutigen) äußeren Mariahilfer Straße, später bis zur Schmelz (nach heutigen Begriffen bis zur Hütteldorfer Straße). Die Südgrenze war die Sechshauser Straße, Ostgrenze war der Linienwall, im Westen wurde Fünfhaus ungefähr von der Arnsteingasse begrenzt. Selbstständige Gemeinde wurde es erst im Jahr 1849.
Aber bereits ein Jahr zuvor wurde hier Geschichte gemacht: Fünfhaus war das Zentrum des Arbeiteraufstandes im März 1848.
Und wer würde schon in diesem damaligen Arbeiterbezirk die erste Wagner-Aufführung in Wien vermuten? Im ehemaligen Thalia-Theater (auf der Ecke Lerchenfelder Gürtel – Thaliastraße) spielte man am 28. August 1857 Tannhäuser! Sollten Sie jetzt einwenden, dass diese Ecke zum XVI. Bezirk gehört und nicht zum XV., dann haben Sie natürlich Recht! Die Erklärung bedarf noch einer kleinen historischen Rückschau:

Die nördlichsten Teile von Fünfhaus entwickelten sich hauptsächlich nach dem Bau der Westbahn, man sprach auch von Neu-Fünfhaus. Es erstreckte sich sogar bis zur heutigen Thaliastraße. Erst 1872 kaufte die Gemeinde Neulerchenfeld den Fünfhausern den Streifen zwischen Gablenzgasse und Thaliastraße ab – und damit wäre das Problem geklärt.
Der Fünfhauser Apotheker und spätere Bürgermeister Dr. Adolf Friedrich war eine der treibenden Kräfte der Vereinigung der Vororte mit Wien (wie wir auch im geschichtlichen Überblick gesehen haben).
Fünfhaus ist der einzige Bezirk, der umbenannt wurde: aus Fünfhaus wurde ja Rudolfsheim-Fünfhaus.

Gaudenzdorf (1890: XII.)

Zwischen Meidling und Hundsturm entstand im 18. Jahrhundert eine neue Siedlung, die bald Neu-Meidling heißen sollte. Und wenn wir heute auch wissen, dass der XII. Bezirk (zu dem Gaudenzdorf gehört) im Norden an den Wienfluss grenzt, so erstreckte sich Gaudenzdorf ein bisschen darüber: und zwar bis zur heutigen Ullmannstraße im XV. Bezirk.
Der Vertreter der Klosterneuburger Grundherrschaft *Probst Gaudenz Dunkler* weihte 1819 die neue Gemeinde, die nach ihm benannt werden sollte: *Gaudenzdorf!* Und jetzt wissen Sie auch, wem die Dunklergasse in Gaudenzdorf ihren Namen verdankt! (Etwas Ähnliches haben wir schon in Floridsdorf gesehen.)
Chronologisch richtiger wäre es jedoch gewesen, im Text mit der Ortschaft Meinhartsdorf anzufangen: Bereits im 12. Jahrhundert wurde sie erwähnt: als *de Maginhardisdorf* oder *Meinhartisdorf iuxta Můrlingen*, also als Meinhardsdorf bei Meidling. Das Dorf muss einem gewissen Meinhard gehört haben, es erstreckte sich nicht nur auf späteres Gaudenzdorfer Gebiet, sondern auch links von der Wien, auf Gumpendorfer und Sechshauser Gebiet. Im späten Mittelalter ging Meinharsdorf zugrunde.

Gersthof (1890: XVIII.)

Der Name hat mit Gerstenanbau (oder gar mit Gerstensaftkonsum!) nichts zu tun. Im Mittelalter hieß unser Gersthof noch Hagenau oder Hohenau. 1497 scheint das erste Mal der Bauernhof des *Georg Gerstler* in Hagenau auf, eben der *Gersthof* (wo sich heute die Gersthofer Straße 123 befindet). Im 16. Jahrhundert schrieb man schon *Gerstlerhof:* dieser wurde zum Zentrum eines neu entstandenen Ortes.
In den Jahren vor der Vereinigung mit Wien bestand Gersthof aus zwei Teilen, die miteinander keine Verbindung hatten: eine viereckige Siedlung auf dem ungefähren Gebiet zwischen Alsegger Straße und Gersthofer Straße sowie weiter stadtauswärts (außerhalb der Türkenschanze) eine längliche Siedlung: man könnte fast von einem Straßendorf entlang der Gersthofer Straße sprechen.

Grinzing (1890: XIX.)

Schriftliche Quellen des Stiftes Klosterneuburg berichten bereits 1114 von Weingärten *de Grincing.* 1156 liest man bereits von *Grinzingen.* Woher das Wort kommt, ist unbekannt.
Zu den größten Gutsherren gehörten nicht nur diverse Klöster, sondern auch die Herren von *Grünsing,* die ihren Namen vermutlich der Ortschaft zu verdanken hatten (ihr Urahn hieß noch *Grimizo).*
Dass Grinzings Weinproduktion nicht unbedeutend ist, dürfte den geneigten Leserinnen und Lesern bekannt sein. Obwohl der Weinbau in dieser Gegend schon in der vorrömischen Zeit nachweisbar ist (der Legende nach brachte Kaiser Probus den Wein im 3. Jahrhundert in unsere Gegend – das ist aber eben nur eine Legende!), kam der Aufschwung durch die Einführung des Heurigen durch Josef II. sowie später durch die besseren Verkehrsverbindungen: 1827 konnte man Grinzing bereits mit dem so genannten Stellwagen erreichen. Der »Stellwagen« war noch nicht schienengebunden (wie später die Pferdebahn, vergleiche auch Dornbach), bedeutete aber eine relativ be-

queme, fahrplanmäßige Verbindung zwischen der Inneren Stadt (Neuer Markt oder Freyung) und den diversen Vororten. Nestroy war natürlich anderer Meinung: »Stellwagen«, weil er sich nicht von der Stelle bewegt.
Grinzing hatte vor 1890 fast noch den Charakter eines Straßendorfes.

Gumpendorf (1850: V., 1862: VI.)

Die Entstehung des Ortes dürfte sich um die Jahrtausendwende abgespielt haben, die erste schriftliche Erwähnung datiert allerdings aus dem 12. Jahrhundert. Die Experten sind uneinig: Gumpendorf verdankt seinen Namen entweder einem Herrn namens *Gumprecht* (oder Gumpo bzw. Gumpold) oder dem Wort *Gumpe* (= Tümpel).
Gumpendorf erstreckte sich von der Wien im Süden bis zur heutigen Schadekgasse und zur Eggerthgasse im Norden. Die Westgrenze lag jenseits des heutigen Gürtels, aber diese westlichen Gebiete gingen Gumpendorf durch den Bau des Linienwalls im Jahr 1704 verloren.
Die Hauptverkehrsader des Ortes war übrigens eine alte Römerstraße, eine später als »Liesinger Weg« bezeichnete Strecke: Sie führte von der Windmühlgasse, die von der Bayrischen Landstraße (der heutigen Mariahilfer Straße) abzweigt, über die Gumpendorfer Straße und die Brückengasse. Dann überquerte sie den Wienfluss, um weiter südwärts zu führen. Der Name der ehemaligen Gumpendorfer Hauptstraße wurde 1862 gekürzt: wir kennen sie als Gumpendorfer Straße.
Die barocke Bauwelle des 18. Jahrhunderts erreichte auch Gumpendorf, aber wer denkt heute noch ans Palais Kaunitz? Maria Theresias fast allmächtiger Kanzler, Wenzel Anton Fürst von Kaunitz (1711–1794) errichtete in der heutigen Amerlinggasse sein Palais. Es wurde an die Esterházys verkauft – und jetzt verstehen wir, warum der Esterházypark so heißt (außerdem gibt's noch die Kaunitzgasse und die Esterházygasse).

Hacking (1890: XIII.)

Markwardus de Hacingen diente bereits 1156 dem Herzog Österreichs, seine Nachkommen sind im 15. Jahrhundert noch schriftlich nachweisbar. Der einstigen Festung (oder: Veste) Hacking entspricht heute die Endstation der U4, Hütteldorf, dem Hackinger Schlössl das Jugendgästehaus Hütteldorf (das sich interessanterweise nicht in Hütteldorf befindet, sondern in Hietzing). Das heißt: ein Teil Hackings gehört zum XIII. Bezirk, ein Teil zum XIV.
Hacking ist wahrlich keine Metropole: zur Zeit des Anschlusses an Wien war es 0,4 Quadratkilometer groß.

Hadersdorf-Weidlingau (1938: XIV., 1954: XXIII. 1956: XIV.)

Eine in Klosterneuburg befindliche Urkunde nennt bereits anno 1130 einen Zeugen namens *de Hedrichersdorf* (der andere Zeuge muss sein Nachbar gewesen sein: *Adalbero de Purchartesdorf*, das heißt ein Purkersdorfer). Ende des 12. Jahrhunderts gehörte das Gebiet der Familie Formbach-Ratelnberg, später den Babenbergern. Interessante Besitzer in späteren Jahrhunderten waren Kaiserin Eleonora, die Gattin Friedrichs III., 1460 und Graf Laudon 1777. Sein Schloss diente zwischen 1945 und 1955 als sowjetische Kaserne.
Die heutige Schreibweise Hadersdorf erscheint erstmals 1683.
1850 wurde *Mariabrunn* mit Hadersdorf vereinigt: Die erste Königin Ungarns, Gisela, flüchtete nach dem Tode ihres Gatten 1038 nach Österreich. Vom Fieber befallen fand sie neben einer Marienstatue eine Quelle, aus der sie trank – und das Fieber war weg! Aus Dankbarkeit gründete sie dort eine Kapelle.
So weit die Legende. Was die Fakten betrifft: als Gründer finden wir die Unbeschuhten Augustiner (1639).
Im 17. Jahrhundert war Mariabrunn einer der beliebtesten Wallfahrtsorte (oft wurden 30 bis 50 Wallfahrten jährlich abgehalten!).

Die Gründung von Weidlingau datiert wahrscheinlich auch aus dem 12. Jahrhundert, aber erst im Jahre 1226 finden wir etwas Schriftliches: *Wildungsowe.* Rudolf I. belehnte seinen ältesten Sohn, den späteren König Albrecht I., mit Weidlingauer Gütern. Das Landhaus von Weidlingau wurde 1715 von Johann Bernhard Fischer von Erlach erbaut. Hier holte Maria Theresia 1765 ihre zukünftige Schwiegertochter Maria Josefa von Bayern ab, die als zweite Gattin Josefs II. in ihrem goldenen Käfig ein trauriges, einsames Leben führen sollte. Fünf Jahre später diente das Landhaus als Raststätte für Marie Antoinette auf ihrem Weg nach Paris, wo sie den künftigen König heiraten sollte. Ihr Leben war weniger einsam, endete aber umso blutiger.
Weidlingau wurde 1850 mit Hadersdorf vereinigt, so entstand Hadersdorf-Weidlingau. Ein ganz kleiner Teil der Gemeinde wurde bereits 1890 an Wien angeschlossen, der Rest im Jahr 1938.
Und hier gibt es endlich eine Ausnahme: Eine Bezirksgrenzenänderung nach 1954! Hadersdorf-Weidlingau, 1946/1954 noch dem XXIII. Bezirk zugeordnet, kam 1956 an Wien XIV. (Penzing).

Heiligenstadt (1890: XIX.)

Es gibt kaum einen Stadtteil Wiens, in dessen Geschichte Dichtung und Wahrheit so stark ineinander fließen! Befanden sich unter der heutigen Jakobskirche tatsächlich christliche Katakomben während der Hunnenherrschaft im 5. Jahrhundert? Wurde der 482 verstorbene heilige Severin hier beigesetzt? Dies wird heute eindeutig verneint, nichtsdestotrotz wird in der Jakobskirche nach wie vor jedes Jahr am 8. Jänner des Todestages Severins gedacht.
Gab es hier in der Völkerwanderungszeit eine heilige Quelle der Germanen und über ihr einen Wotanaltar? Nun, Heilquellen hat es hier gegeben (auch später suchte Beethoven hier Linderung), die heilige Quelle der Germanen allerdings, die an einem Pfingstfeiertag alles überschwemmen würde, gehört eindeutig ins Reich der Legenden. Wir stellen auf jeden Fall mit Überraschung fest, dass hier heidnisch-

germanische und christliche Heiligenlegenden in perfekter Symbiose vorhanden sind, dass Elemente der heidnischen Sagenwelt ein christliches Jahrtausend heil überstanden haben.
Eine Urkunde aus dem 15. Jahrhundert nennt die wahrscheinlich um 860 gegründete Ortschaft *Urbicula* (Städtchen), aber bereits um 1190 schrieb man *sanctus locus* (heilige Stätte), später *sancta civitas* (heilige Stadt) – daraus entwickelte sich das deutsche Wort *Heiligenstadt*. Gleichbedeutend ist auch die griechische Version: *Hagiopolis*.
Wenn auch der historische Kern von Heiligenstadt bei der Jakobskirche liegt (und die Kirche St. Michael ist auch nicht viel jünger), so erstreckte sich die Ortschaft um das Jahr 1880 in Form zweier langer Häuserreihen südwärts. Es handelte sich um die heutige Heiligenstädter Straße (damals noch Nussdorfer Straße, in der NS-Zeit Berliner Straße).

Hernals (1890: XVII.)

Spuren menschlichen Lebens sind bereits in der Jungsteinzeit nachweisbar, schriftliche Spuren erst aus dem Jahre 1044. Der Ortsname weist auf den Alsbach hin, auf die *Herren* von *Als*. Die andere Theorie, dass das Wort Hinweise auf die protestantischen *Herren* gäbe, die am *Hals* aufgehängt worden seien, stimmt nicht. Und wenn wir uns in die Legendenwelt begeben: es waren nicht die gehängten Protestanten, sondern die Templer, denen Hernals gehörte. Und eine fast humoristisch klingende Deutung (oder die nächste Legende) besagt: die *Herren* besaßen hier *alles* – und so entstand das Wort Hernals!
Also bleiben wir bei den Herren von Als!
Es ist aber eine Tatsache, dass Hernals Ende des 16. Jahrhunderts ein Zentrum der Lutheraner war. Als nämlich in Wien, in der direkten Nähe der Hofburg – und in der direkten Nähe der Jesuiten – der Besuch der evangelischen Gottesdienste unmöglich geworden war, fuhren die Protestanten daraufhin sonntags nach Hernals.
Der bedeutendste evangelische Grundherr war Helmhart Jörger, dem

es mit knapper Not gelang, der Vollstreckung des Todesurteils zu entkommen (die Wiener Lutheraner wichen jetzt nach Inzersdorf aus). Bald traten die Jesuiten die Grundherrschaft an, bald wurde die traditionelle Hernalser Wallfahrt zwischen dem Hernalser Kalvarienberg und dem Stephansdom ins Leben gerufen.

Es zogen allerdings nicht nur die Frommen und Friedlichen zum Hernalser Kalvarienberg, manche suchten die *Gelegenheit … gegen das fünfte und sechste Gebot zu sündigen. Schon zu den Zeiten der frommen Theresia war zu Hernals der Sammelplatz der Liederlichkeit,* hieß es in einer alten Beschreibung.

Erwähnenswert ist noch die 1565 fertig gestellte Hernalser Wasserleitung: die erste öffentliche Wasserleitung in Wien seit der Römerzeit. Wienerwaldwasser bester Qualität wurde in die Stadt Wien geleitet (die Endstation war beim Hohen Markt).

Man betone aber: die erste *öffentliche* Wasserleitung. Einige Jahre zuvor bekam nämlich die Hofburg eine eigene Wasserleitung.

Die 1865 errichtete Pferdebahn (die wir schon in Dornbach beschrieben haben) war natürlich auch für die Entwicklung von Hernals äußerst wichtig. Und ursprünglich gehörte auch das Gebiet des heutigen Inneren Gürtels zu Hernals – es ging nach der Demolierung des Linienwalls an den IX. Bezirk verloren.

Und jetzt eine ganz gemeine Quizfrage: Was war die zweitgrößte Stadt im Gebiet der heutigen Republik Österreich im Jahre 1890? Graz? Linz? Salzburg?

Keine Spur! Es war Hernals! Hernals hatte vor der Eingemeindung 70.933 Einwohner.

2001 waren es nur mehr 47.610 (mit Dornbach und Neuwaldegg).

Ja, und diesem Bezirk Hernals mit seinen damals knapp 71.000 Einwohnern verdankt der österreichische Sport seinen ersten Europameister! Eduard Engelmann (Gründer der Engelmann-Eisarena) gewann in Wien im Jänner 1894 die erste Eislaufeuropameisterschaft! Um ganz genau zu sein: er hatte in Wien bereits 1892 eine Europameisterschaft gewonnen, die aber heute offiziell nicht mehr anerkannt wird.

Hetzendorf (1890: XII.)

Hetzendorf hat mit irgendwelcher *Hetz'* nichts zu tun. Auch mit dem 1190 erwähnten *Hervicus von Hetzendorf* nicht, wie das früher angenommen wurde: die neueste historische Forschung ortet ihn nämlich in der Steiermark.
Eine Urkunde aus dem 12. Jahrhundert nennt *Hercindorf,* und weil wir nicht wissen, woher der Name kommt, kann man je nach Lust und Laune einen slawischen oder keltischen Ursprung vermuten. Das älteste, heute noch erhaltene Klosterneuburger Grundbuch von 1258 erwähnt *Herzendorf* ebenfalls, aber die mittelalterlichen Quellen dienen auch mit *Hirzindorf* und *Hezindorf.*
1456–1744 gehörte Hetzendorf dem Deutschen Ritterorden, danach war es im Besitz von Maria Theresia. Sie baute das vom Grafen von Thun 1694 erbaute Schloss um. Dort befindet sich heute die Modeschule der Stadt Wien.
Selbstständiger Vorort wurde Hetzendorf erst 1850.

Hietzing (1890: XIII.)

Hezzo oder *Hiezo* hieß der Edelmann, dessen Besitz sich um das Jahr 800 herum hier befand (dazu kam die Endung *-ing,* die meistens auf bayrische Besiedlungen und auf die Zeit um 800 hinweist. Ausnahmen: Peking, Nanking, Marketing ...)
Der alte Ortskern würde heute der Altgasse entsprechen. Die Bezeichnung »Altgasse« weist auch auf diesen alten Ortskern hin und hat mit dem großen Maler Rudolf von Alt nichts zu tun.
Eine andere Erklärung liefert eine schöne Legende: *Hüet's enk!* (Hütet euch!), erklang aus einer Baumkrone die Stimme der Gottesmutter, als einige von den Türken gefangene und an einen Baum gefesselte Bewohner ebendieses Gebiets fromm betend deren Hilfe erbaten. Es klingt viel schöner im Gedicht Erhard Dollingers:

…
Auf einmal erstrahlt's hell in den Zweigen,
und als die Männer blicken empor,
sehn sie Maria das Haupt tief neigen,
und »Hüet's enk« klingt's da an ihr Ohr.
…
Und hier zeigt uns die Legende
– 1529 dies geschah –,
wenn die Hoffnungen am Ende,
ist das Wunder oft ganz nah.

Urkunden aus dem 12. Jahrhundert sprechen für die erste Theorie: Rupertus de Hezingen wird bereits 1130 erwähnt. Später gehörte das Gebiet dem Deutschen Orden, dem 1253 das Stift Klosterneuburg folgte.

Einen großen Aufschwung brachte das 18. Jahrhundert. Die Hietzinger Pfarrkirche (Am Platz) wurde eine stark besuchte Wallfahrtskirche (außerdem war sie Maria Theresias Lieblingskirche), später wurde Hietzing durch die Nähe Schönbrunns eine beliebte Sommerfrische.

In der Verkehrsgeschichte Wiens spielt Hietzing eine bedeutende Rolle. Nicht nur wegen der ersten dampfbetriebenen Straßenbahnlinie (vergleiche auch in diesem Zusammenhang Mauer). Bereits 1825 fuhr ein Stellwagen von Hietzing in die Stadt auf den Neuen Markt. Er verkehrte stündlich – für Biedermeierverhältnisse waren das sehr angenehme Intervalle! Der Fahrpreis betrug zwölf Kreuzer – das heißt, er war wesentlich billiger als der Dornbacher Stellwagen (17 Kreuzer) oder gar die Stellwagenlinien nach Nussdorf (30), Heiligenstadt (36) oder Hütteldorf (48 Kreuzer).

Heute assoziiert man mit Hietzing bzw. mit dem XIII. Bezirk die nobelsten Villenviertel Wiens.

Und nicht vergessen: Schönbrunn liegt auch in diesem Bezirk!

Himmelpfortgrund (1850: VIII., 1862: IX.)

Linienwall – Nussdorfer Straße – Währinger Straße: in diesem Dreieck befanden sich jene Gründe, die 1638 dem Kloster der Himmelpförtnerinnen geschenkt wurden. (Das Kloster selbst befand sich in der Innenstadt: Sie kennen sicherlich die Himmelpfortgasse!) Früher hieß diese Gegend Sporkenbühel (erste Erwähnung: 1254).
Nach der Aufhebung des Himmelpförtnerinnenklosters wurde der Grund Staatseigentum, dem Staat folgte bald die Stadt Wien als Eigentümerin.

Hirschstetten (1905: XXI., 1938: XXII.)

Wir gehen jede Wette ein, dass es sich um eine *Stätte der Hirschen* handelt – und wir verlieren! Nein, nein, so einfach ist die Sache nicht. Wahrscheinlicher ist die Ableitung von *Herstetten,* das heißt eine Stätte diesseits, oder *herent* des Stromes.
Die seit dem 13. Jahrhundert in diversen schriftlichen Quellen herumschwirrenden Schreibweisen, wie z. B. *Herstettn, Hirschstötten, Hürstetten, Hecsteten, Hertstetten,* tragen auch nicht gerade zur Klärung bei. 1848 wurde das südöstlich von Kagran liegende Hirschstetten mit Stadlau vereinigt, 1872 wurde diese Ehe getrennt, die beiden Gemeinden waren von nun an selbstständig. Erwähnenswert ist das Schloss Hirschstetten: Die Familie Pirquet erwarb es 1868. Hier wurde auch Dr. Clemens Pirquet, einer der größten österreichischen Ärzte, im Jahr 1874 geboren. Ein Wort, das wir jeden Tag verwenden, ist seine Schöpfung: *Allergie.*

Hundsturm (1850: IV., 1862: V.)

Eine *Hunczmühle* ist bereits 1408 nachweisbar. Wichtiger ist das 1600 von Erzherzog Matthias (vom späteren Kaiser) errichtete Rü-

denhaus (wie wir auch schon bei Erdberg gesehen haben). Der Name *Hundsthurm* taucht 1632 auf. Das Rüdenhaus wurde 1672 abgerissen, an seiner Stelle entstand das Schloss Hundsturm, das im 19. Jahrhundert zizerlweise demoliert wurde.
Wir sprechen von den in der Nähe des Gürtels gelegenen Teilen der Schönbrunner Straße und der Margaretenstraße. Erwähnenswert ist auch der ehemalige Hundsturmer Friedhof (1783 gegründet), hier wurde nämlich 1809 Joseph Haydn beigesetzt. Der Friedhof wurde nach der Errichtung des Zentralfriedhofs im Jahr 1874 aufgelassen, heute befindet sich an seiner Stelle der Haydnpark (der sich bereits im XII. Bezirk befindet).

Hungelbrunn (1850: IV., 1862: V.)

Diese Gemeinde verdankt ihren Namen einer Sage: ein Brunnen soll hier in den ärgsten Hungerjahren Wasser gegeben haben.
Nun, Quellen gab es hier in der Tat: Hungelbrunner Wasser wurde in die Stadt geleitet. (Die Endstation war ja beim Neuen Markt!)
Gegründet wurde Hungelbrunn erst 1609. 1846 gab es hier elf Häuser, trotzdem war Hungelbrunn eine selbstständige Ortschaft (die kleinste, die 1850 an Wien angeschlossen wurde). Wo war Hungelbrunn? Südöstlich der Wiedner Hauptstraße!

Hütteldorf (1890: XIII., 1938: XIV.)

Zwischen dem Halterbach im Westen und dem Rosenbach im Osten wurde bereits im 12. Jahrhundert Wein angebaut. Der in der zweiten Hälfte des 12. Jahrhunderts nachweisbare *Werinhard de Ötendorf* wird sich darüber bestimmt gefreut haben. In der Gründungsurkunde der Hütteldorfer Pfarrkirche (1356) ist schon von *Utelndorf* die Rede, einige Jahre später schrieb man *Ütelndorf,* im 16. Jahrhundert kam endlich ein *H* dazu.

In Hütteldorf wirkte um das Jahr 1700 der größte Redner, der größte Prediger seiner Zeit: Abraham a Sancta Clara, der unermüdliche Kämpfer gegen Unmoral, Korruption und Bestechlichkeit. Sein Rezept war leider kurz und bündig: Schuld an allem wären die Frauen und die Juden gewesen.

Als die Katastralgemeinde Hütteldorf 1890 an Wien angeschlossen wurde, vergrößerte man sie durch einen Teil von Auhof (Auhof: 1194 als *Haviwa* das erste Mal urkundlich erwähnt, 1258 bereits *de Owe.* Wahrscheinlich handelt es sich um die althochdeutsche Bezeichnung *ouwa* für Au).

Machen wir einen Sprung ins elektrische Zeitalter: es fährt bereits die Straßenbahn in das ehemalige Ütelndorf. Ursprünglich hatten die verschiedenen Linien keine Nummern, sie wurden vielmehr durch verschiedene Farben auseinander gehalten. (Um 1900 gab es ja in Wien noch viele Analphabeten! Sie erkannten keine Ziffern, aber sehr wohl die Farben.)

Nach Hütteldorf fuhr eine grün-weiß-grüne Linie. Und darum änderte der ehemalige 1. Wiener Arbeiter-Fußball-Club seine Farben: aus Rot-Blau wurde Grün-Weiß.

Auch der Name des Klubs wurde geändert. Seit 1899 heißt er *Rapid!*

Inzersdorf (1938: XXV., 1954: XXIII.)

Auf Herrn *Imizi* könnte die Schreibweise *Ymizinsdorf* um 1120 zurückgeführt werden. Dem *Eansceinsdorf* des Jahres 1200 folgte 20 Jahre später bereits *Imzendorf* und 1287 *Inczesdorf.*

Inzersdorf wurde jahrhundertelang von der wichtigsten Verbindung Wiens nach Süden geprägt: von der Triester Straße, die einst ein bescheidener Feldweg gewesen war und 1357 als *Newstetter Weg* bezeichnet wurde: die Verbindung nach Wiener Neustadt war garantiert!

Im 16. Jahrhundert war Inzersdorf ein wichtiges Zentrum der lutherischen Lehre, insbesondere nach der Ausschaltung des evangelischen

Lebens in Hernals (vergleiche Hernals). Ritter Geyer von Geyersberg spielte hier dieselbe Rolle wie sein Glaubensbruder Jörger in Hernals. 1608 wurde er verhaftet: … *dass niemand … mehr hinauslauffen durfte nach Inzerstorff zum Unkatholischen Gotts-Dienst* – so konnte man bald lesen.
Die beiden Türkenbelagerungen gingen an Inzersdorf auch nicht spurlos vorbei. Nach der zweiten Belagerung kamen fremde Siedler, es begann bald eine emsige Bautätigkeit. So entstand z. B. die Laxenburger Allee, um die beiden kaiserlichen Schlösser (Laxenburg, Schönbrunn) miteinander zu verbinden.
Noch wichtiger aber ist, dass 1757 alle Wiener Ziegeleien an den Stadtrand verlegt werden mussten. Und die Inzersdorfer Ziegeleien spielten in der Wiener Industrieentwicklung, aber auch in der Entwicklung der Arbeiterbewegung, eine dominierende Rolle (vergleiche auch Favoriten).
Ein Teil Inzersdorfs, der Rudolfshügel, wurde 1890 dem X. Bezirk Wiens, Favoriten, angeschlossen: hier befand (und befindet) sich auch die schöne gotische Säule, die Spinnerin am Kreuz.

Jägerzeile (1850: II.)

Vicus venatorum oder *Straße* (bzw. *Dorf*) *der Jäger* wurde jene Siedlung genannt, die unter Kaiser Maximilian II. (1564–1576) im Gebiet entlang der heutigen Praterstraße für die Hofjäger des Kaisers gegründet worden war – hauptsächlich für die pensionierten Jäger.
Die neue Siedlung lag östlich der heutigen Praterstraße und erstreckte sich sogar teilweise jenseits der Franzensbrückenstraße. Die Bezeichnung *Jägerzeile* kam in der Mitte des 17. Jahrhunderts auf, später hieß auch die zum Prater führende pfeilgerade Straße so. Anfang des 19. Jahrhunderts nannte man den Teil, der sich näher beim Zentrum befand (bis zur Czerningasse), bereits Praterstraße, ab 1862 wurde die gesamte Straße bis zum Praterstern so genannt.

Jedlersdorf (1905: XXI.)

Urlinge hieß im Mittelhochdeutschen *Krieg*. Das 1108 erwähnte *Urlingesdorf* könnte man also als *Kriegsdorf* übersetzen. Nun: wo gab es keinen Krieg, keine Kämpfe, keine Verwüstungen?
Diese inselreiche Gegend schenkte Rudolf I. im Jahre 1280 allerdings den absolut unkriegerischen Dominikanerinnen von Tulln. 502 Jahre lang konnten sie hier schalten und walten, dann kam der Aufhebungsbeschluss durch Josef II. Die k. k. Verwaltung übernahm Jedlersdorf und verkaufte es 1834 an das Stift Klosterneuburg, dessen Herrschaft bis 1848 gedauert hat.
Denken wir bitte nicht an irgendeine Weltstadt! Den Tiefpunkt in der Jedlersdorfer Geschichte brachte das Pestjahr 1713: nur mehr 37 Einwohner blieben nach der Pest zurück! Die Entwicklung der Folgejahre wurde 1745 wieder gedämpft: Brand, Vernichtung! Das Marienbild in der Kirche Klein-Maria-Taferl überstand wie ein Wunder das Feuer (und überstand die Zerstörungen der Franzosenkriege 1809 sowie die Bombenangriffe 1945). An dieser Kirche wirkte übrigens der Tiroler Kapuzinerpater Joachim Haspinger, der Weggefährte Andreas Hofers.
1804 wurde Jedlersdorf getrennt. Die nördlichen Teile hießen nun Jedlersdorf I. oder Groß-Jedlersdorf, die südlichen Teile zwischen Prager Straße und Brünner Straße (stadtwärts liegend) Jedlersdorf II oder Klein-Jedlersdorf. Auf Klein-Jedlersdorf – oder Jedlersdorf am Spitz – wurde bereits bei der Beschreibung Floridsdorfs hingewiesen.

Josefsdorf (1890: XIX.)

Kennen Sie in Wien einen Schweinsberg oder Sauberg? Einen Josefsberg? Nein? Kennen Sie den Kahlenberg? Aber sicher!
Es handelt sich um denselben Berg!
Der Schweinsberg wurde 1628 in Josefsberg umbenannt, Ende des 17. Jahrhunderts in Kahlenberg. Gleichzeitig wurde aus dem früheren Kahlenberg der Leopoldsberg! Eine komplizierte Geschichte!

Nun, 1628 konnte dieser mächtige Berg (für Flachlandbewohner) oder diese kaum wahrnehmbare Bodenerhebung (für Himalajabewohner) noch nicht nach den beiden Kaisern namens Josef (1705–1711 bzw. 1780–1790) benannt werden – er muss uns also an den heiligen Josef erinnern.
Das Kamaldulenserkloster auf dem Kahlenberg wurde von Josef II. aufgelöst, private Siedler übernahmen die verlassenen Bauten, so entstand eine kleine Siedlung, die wiederum den Namen Josefsdorf bekam. 1880 zählte man immerhin 555 Einwohner (allerdings mitsamt den Einwohnern des Kahlenbergerdorfes).

Josefstadt (1850: VII., 1862: VIII.)

Das Gebiet hieß ursprünglich *Buchfeld* und wurde erstmals 1211 erwähnt. Die Buchfeldgasse gibt es heute noch, allerdings bekam die frühere Herrengasse erst 1862 diesen Namen, um nach 651 Jahren an alte Zeiten zu erinnern!
Machen wir wieder einen Sprung in die Wiener Sagenwelt: Ritter Bertram von Buchfeld hetzte seine Hunde auf seine Arbeiter, weil sie die Arbeit wegen eines Heuschreckenschwarmes eingestellt hatten. Und die Sage wäre keine Sage, wenn die Heuschrecken den bösen Ritter danach nicht aufgefressen hätten. Der Wahrheitsgehalt dieser Geschichte ist natürlich nicht auszuschließen, wahrscheinlicher ist jedoch das Vorhandensein von mehreren Buchen.
Zwischen 1211 und 1690 ereignete sich nichts Weltbewegendes, aber ab 1690 entwickelte Marchese Malaspina aus einem Wirtschaftsgut namens Rottenhof – auch Rodenhof oder Rother Hof – ein Freigut, er ließ das Gebiet parzellieren, verkaufte es 1700 an die Stadt Wien und die braven Stadtväter gaben der Siedlung den Namen des damaligen Thronfolgers. So entstand die *Josephstadt* (später: Josefstadt). Dieser 1700er-Thronfolger bestieg fünf Jahre später den Thron als Kaiser Josef I.
Nord- und Südgrenze waren die heutige Florianigasse bzw. Lerchen-

felder Straße, im Westen erstreckte sich die Josefstadt bis zur Piaristengasse. Zwölf Jahre nach der Eingemeindung (das heißt 1862) wurde der Alsergrunder Streifen zwischen Florianigasse und Alser Straße an die Josefstadt angeschlossen.
Zum Gebiet der Josefstadt gehörte übrigens der Exerzierplatz der alten Armee. Die letzte Parade fand hier am 17. August 1868 statt. Und das Gebiet dieses Exerzierplatzes gehört heute zum I. Bezirk, dort finden Sie das Rathaus. Vielleicht ist es doch kein Zufall, dass die Postadresse des Rathauses *1082 Wien* lautet. Ob's ein Hinweis auf die frühere Zugehörigkeit ist?
Der VIII. Bezirk (Josefstadt) ist der flächenmäßig kleinste aller Wiener Bezirke, ist aber mit zwei großen Theatern und einigen kleineren Bühnen eindeutig ein kulturelles Zentrum.

Kagran (1905: XXI., 1954: XXII.)

Herr *Purchman de Chagaran* wurde 1199 in einer Klosterneuburger Urkunde erwähnt, es gab aber später auch noch die Schreibweisen *Chagrana* und *Chagoran.* 1533 las man bereits *Khagran.* Das Wort soll keltischen Ursprungs sein.
1243–1556 gehörte Kagran den Herren von Ebersdorf oder Ebreichsdorf, die gleichzeitig auch Kaiser-Ebersdorf besaßen. Zu den späteren Besitzern gehörten etwa die Strozzis (deren berühmtestes Palais sich im VIII. Bezirk befindet), aber auch das Stift Klosterneuburg.
1886 wurde Kagran per Dampftramway mit Floridsdorf verbunden (nur drei Jahre nach der ersten dampfbetriebenen Linie; vergleiche auch Mauer), 1898 konnte man bereits elektrisch in den II. Bezirk düsen – Kagran kam näher an Wien heran. Die heutige Lage Kagrans verdeutlicht die U-Bahn-Linie 1: die Endstation heißt ja Kagran (hoffentlich nicht mehr lange – die Linie soll ja verlängert werden).

Kahlenbergerdorf (1890: XIX.)

Es grub einst ein frommer Bergmann um Erz zu finden - noch dazu mit positivem Erfolg. Sein Betrieb blühte, er wurde reich, benötigte bald Arbeiter, diese wiederum Häuser - und so entstand das Kahlenbergerdorf. Nach des frommen Besitzers Tod folgte ihm ein weniger frommer Grubeninhaber. Der fand als Strafe kein Erz mehr.
So weit die Legende.
Das Kahlenbergerdorf liegt am Fuße des Kahlen..., nein, am Fuße des Leopoldsbergs! Und wenn wir ein bisschen zurückblättern (Josefsdorf!), verstehen wir alles: im Mittelalter hieß der heutige Leopoldsberg noch Kahlenberg!
Die erste Erwähnung erfolgte im Jahr 1115, der Grundherr war rund 600 Jahre lang das Stift Klosterneuburg. In der Legendenwelt Wiens hat der *Pfaff' vom Kahlenberg* auch seinen fixen Platz - und der war ja auch hier zu Hause!
Diesen lustigen Pfarrer hat es wahrscheinlich tatsächlich gegeben. War es Gundacker von Thernberg? Oder Vinzenz Wigand von Theben? Auf jeden Fall ein Zeitgenosse des Neidhard von Fuchs am Hofe Herzog Ottos des Fröhlichen, der 1339 gestorben ist - man könnte fast sagen, er war Pfarrer und Hofnarr in einer Person.
Selbstständiger Vorort wurde das Kahlenbergerdorf erst 1848, nur einige Jahrzehnte später wurde es an den XIX. Bezirk Wiens angeschlossen.
Mit all seinen 14 Häusern!

Kaiser-Ebersdorf (1890: XI.)

Ebersdorf wurde im 11. Jahrhundert des Öfteren schriftlich erwähnt - allerdings ohne genaue Lokalisierung (in Niederösterreich finden wir diesen Ortsnamen auch heute noch). Erst das im 12. Jahrhundert in Göttweiger Quellen erwähnte *Eberisdorf* ist wahrscheinlich unser Ebersdorf.

Später ist die Familie von *Eberstorff* nachweisbar (vergleiche auch Kagran!); die Übertragung in kaiserlichen Besitz erfolgte 1499 unter Maximilian I. Seither schreibt man auch *Kaiserebersdorf*, um mit anderen Ortschaften namens Ebersdorf nicht verwechselt zu werden. Hier schlug 1529 Sultan Soliman II. sein Quartier auf und unter dem Urenkel Maximilians I., unter Maximilian II., wurde der Umbau fertig: der Umbau des *Neygebey*, des legendären Neugebäudes, dessen Restaurierung hoffentlich bald zu Ende geht.

Dieses Neugebäude kommt sogar in der türkischen Sagenwelt vor: das Prunkschloss der Giauren, der Ungläubigen, steht dort, wo einst Solimans Zelt gestanden. Es ist eigentlich bemerkenswert, dass mehrere Wiener Bauwerke, z. B. der Stephansdom oder die Stadtmauer, in türkischen Legenden vorkommen. Dichtung und Wahrheit kann man aber in den türkischen Quellen ab und zu kaum voneinander trennen. Zitieren wir aus einem Reisebericht des Jahres 1665: *Die Gebäude innerhalb der Festung Wien belaufen sich auf insgesamt 40.000 Häuser und Paläste. Alle diese Paläste haben fünf bis sechs Stockwerke. An jedem dieser Gebäude gibt es mannigfache Kanzeln und Erker … Die Räume darinnen sind mit Einlegearbeiten in Perlmutter und Gold verziert und die Säle sind mit Edelsteinen ausgeschmückt …*

Leicht übertrieben …

Kaisermühlen (1850: II., 1938: XXII.)

Was heute kein Mensch mehr glauben würde: vor der Donauregulierung lag Kaisermühlen noch auf dem rechten Donauufer! Nun, diese Ortschaft oder Ansiedlung von Fischern und Mühlenbesitzern schaffte es erst 1674, schriftlich in die Wiener Stadtgeschichte einzuziehen: *Hof- und Kaisermühlen* lesen wir. Nebenbei: Mühlen hatte es hier schon im 16. Jahrhundert gegeben.

1850 wurde Kaisermühlen an den II. Bezirk angegliedert, aber die 1875 abgeschlossene Donauregulierung bewirkte ein kleines Wunder: das rechts von der Donau liegende Kaisermühlen fand sich auf dem

linken Ufer wieder! Die verwaltungstechnische Wahrnehmung dieser Änderung erfolgte mit einer Verspätung von 63 Jahren: erst 1938 musste der II. Bezirk Kaisermühlen an den neu geschaffenen Bezirk Groß-Enzersdorf »abgeben«.
Die wichtigsten Kaisermühlner Institutionen sind heute: UNO-City, Donauturm, Kongresszentrum – und natürlich das Gänsehäufel! Aber allgemein bekannt wurde der Stadtteil auch außerhalb Wiens in den letzten Jahren durch eine Fernsehsendung: durch den *Kaisermühlen-Blues.*

Kalksburg (1938: XXV., 1954: XXIII.)

Chalbesperch schrieb man 1243, 1666 klingt der Name schon vertrauter: *Kalksperg* – und endlich 1840: Kalksburg! Übrigens soll der Name nicht mit *Kalk,* sondern mit *Kalb* zusammenhängen, außerdem nicht mit *Burg,* sondern mit *Berg.* Ist dies ein Hinweis auf eine Weide, eine Bergweide für Kälber?
Aber eine Burg hat es auch gegeben – wenn's wahr ist. Die Zerstörungen im 15. Jahrhundert sollen auch die kleinste Spur atomisiert haben – in diesem Fall handelt es sich wahrscheinlich um die einzige Burg, von der nicht einmal ein Stein geblieben ist.
Der heutige Mensch assoziiert Kalksburg mit zwei Institutionen: Erstens mit der im 19. Jahrhundert im früheren Trautson'schen Schlösschen gegründeten Jesuitenschule: sie gehört zu den traditionsreichsten, renommiertesten Gymnasien Wiens. In der NS-Zeit diente das Gebäude als Kaserne, der jesuitische Unterricht wurde noch in der Besatzungszeit wiederaufgenommen (obwohl im sowjetischen Sektor).
Zweitens: mit der früheren Heilanstalt für Alkoholiker (dem heutigen Anton-Proksch-Institut).

Laimgrube (1850: V., 1862: VI.)

Im 14. Jahrhundert *gruben* einige Ziegelwerke *Lehm* an den Abhängen des Wienflusses *ab* – damit erklärt sich der Name dieser wahrscheinlich im 11. Jahrhundert gegründeten Ortschaft: Burgpfarrer Peter Man kaufte ein Haus *auf der Laimgruben,* stand in einer Urkunde aus dem Jahr 1389.
Die Laimgrube lag im Osten des heutigen VI. Bezirks (also in Stadtnähe), man sprach von der Oberen Laimgrube (zwischen Gumpendorfer Straße und Mariahilfer Straße) sowie von der Unteren Laimgrube (zwischen der Wien und der Gumpendorfer Straße), die im Laufe der Geschichte auch weitere Bezeichnungen hatte, z. B. *Im Saugraben* oder *An der Wien.*
Im 18. Jahrhundert gehörte auch ein Teil des Spittelbergs (heute im VII. Bezirk!) zur Laimgrube.

Lainz (1890: XIII.)

1324 erscheint *Luentz,* später *Luncz,* in den Urkunden, 1441 schrieb man bereits *Laintz.* Woher der Name kommt, ist unbekannt. Einige Linguisten glauben einen slawischen Ursprung feststellen zu können – die überwiegende Mehrheit der Fachleute ist aber gegen diese Theorie. Die Legende hilft uns: Ein edler Jäger lehnt sein Schwert an einen Baum, setzt sich bequem hin – und in diesem Augenblick erscheint ein wilder Eber. »Wo ist mein Schwert?«, schreit der Jäger. Ein Knecht weist diensteifrig auf den Baum: *Da laint's!*
Das 1904 gegründete Lainzer Altersheim, das heutige Geriatriezentrum am Wienerwald, gehörte damals zu den modernsten und musterhaftesten Institutionen seiner Art. Wesentlich älter, aber nicht minder bekannt, ist der Lainzer Tiergarten! Er erinnert uns an die hier befindliche Hermes-Villa, aber auch daran, dass sich der westlichste Punkt der Stadt Wien in Lainz befindet.
Dieser Tiergarten war übrigens einst ein fantastisches Jagdgebiet,

dessen Umwallung bereits Maria Theresia beschlossen hat. Realisiert wurde der Plan aber erst unter Josef II. Der Kaiser ließ den Bauauftrag ausschreiben – und anscheinend gab es schon damals illegale Preisabsprachen: alle Bewerber nannten denselben Preis!
Bis auf einen.
Ob sich Philipp Schlucker zu seinen Ungunsten verkalkuliert hat, ob er der Einzige gewesen ist, der einen korrekten Preis genannt hat – wer weiß das schon?! Er bekam auf jeden Fall den Auftrag und ganz Wien lachte über den *armen Schlucker,* der an diesem Unterfangen mit Sicherheit scheitern würde ...
Aber Schlucker scheiterte nicht! Er baute die Mauer (die Sie heute noch sehen können) zu des Kaisers Zufriedenheit – und zu seinem eigenen Nutzen. Und wir wissen jetzt, woher der Ausdruck »armer Schlucker« stammt.

Landstraße (1850: III.)

Ignorieren wir die Römer, unter deren Herrschaft der heutige Rennweg schon ein wichtiger Verkehrsweg gewesen ist, ignorieren wir auch die römische Zivilstadt und springen wir ins Jahr 1200! Damals gründete das Zisterzienserstift Heiligenkreuz zwischen der heutigen Salmgasse und der Rasumofskygasse das Nonnenkloster St. Nikolai. Die Bezeichnungen Nikolaifriedhof und Nikolaivorstadt überraschen uns nun nicht mehr. Die Nikolaigasse im I. Bezirk überrascht uns auch nicht, wenn wir wissen, dass das Landstraßer Kloster jenes in der Singerstraße errichtet hat. 1267 wurde das Spital St. Lazar für Aussätzige, Blinde und Sieche gegründet (und hier klärt sich die Entstehungsgeschichte des Wortes *Lazarett*).
1302 taucht für die Nikolaivorstadt ein neuer Name auf: *Lanstrazze* (»Lanstrazze« hieß »öffentlicher Weg«), daraus wurde später die *Landstraße.* Es gab auch noch die Bezeichnungen »Vor dem Stubentor« und »An der Landstraße« – sie verschwanden im Laufe der Zeit sang- und klanglos.

Das Nikolaikloster diente nicht immer dem frommen Gebet, sondern oft kriegerischen Zielen: es war der Stützpunkt Rudolfs von Habsburg im Jahr 1276, als er sich gegen den mächtigen Böhmenkönig Ottokar II. stellte. 1461 sammelte hier Albrecht VI. seine Getreuen im Kampfe gegen seinen Bruder Friedrich III. und hier hatte der ungarische König Matthias Corvinus 1485 gelagert, bevor er Wien einnahm. All diese Zweckentfremdungen schadeten dem Kloster nicht, fünf Jahre nach der ersten Türkenbelagerung von 1529 hingegen kam schließlich das Aus.
1630 holte Kaiser Ferdinand II. die Unbeschuhten Augustiner nach Wien, die weniger strengen Beschuhten mussten die Hauptstadt wieder verlassen. 1636 bekamen sie ein Grundstück zwischen dem heutigen Rochusplatz und der Ungargasse zugewiesen – und Sie haben es erraten: hier entstand die heute noch bestehende Rochuskirche (allerdings erst unter dem nächsten Ferdinand, Ferdinand III.). Das Augustinerkloster wurde 1812 aufgehoben, zu unserer größten Überraschung nicht unter Josef II., denn der starb ja bereits 1790.
Und wenn wir die barocke Bauwelle (Schloss Belvedere, Palais Schwarzenberg) auch gebührend beschrieben, dann würde diese Beschreibung wohl nie ein Ende nehmen.

Laurenzergrund (1850: IV., 1862: V.)

Sie kennen sicherlich die kurze, aber verhältnismäßig breite Gasse neben dem Hauptpostamt im I. Bezirk, den Laurenzerberg. Hier befand sich einst das Kloster St. Laurenz, das 1783 aufgehoben wurde.
Dieses Kloster besaß seit dem Jahr 1533 Güter im heutigen V. Bezirk südlich der Wiedner Hauptstraße, nordöstlich von Hungelbrunn: eben unseren Laurenzergrund, der Ende des 18. und Anfang des 19. Jahrhunderts eine weltrekordträchtige Entwicklung erlebte: in 58 Jahren, nämlich zwischen 1792 und 1850, stieg die Anzahl der Häuser auf das Achteinhalbfache an!
In absoluten Zahlen: statt zweier Häuser gab es deren 17!

Damit war der Laurenzergrund bei der Vereinigung 1850 die bevölkerungsmäßig zweitkleinste Gemeinde (vergleiche auch Hungelbrunn), aber flächenmäßig eindeutig die kleinste.

Leopoldau (1905: XXI.)

Menschliche Spuren sind seit der Jungsteinzeit nachweisbar, die germanische Besiedlung in der Völkerwanderungszeit ebenfalls. Die Ortschaft *Alpiltowe* muss um 1100 herum entstanden sein, im 12. Jahrhundert erscheint sie schriftlich. Spätere Schreibweisen lauten *Elpelltau, Eipeltau,* aus *Eupolt* wurde 1734 *Leopoldau,* 1885 wurde noch nach dem Wort Leopoldau in Klammern Eipeltau angegeben.
Die Leopoldauer halfen im Jahr 1484 dem künftigen Eroberer Wiens, dem Ungarnkönig Matthias Corvinus, bei Schanzenarbeiten. Ihr Lohn: Mautfreiheit auf den Wiener Brücken! Und dieses Privileg galt fast 400 Jahre lang: bis 1870, also bis zur Abtragung der alten Brücken.
Literaturgeschichtlich wichtig wurde Leopoldau durch die Eipeldauer-Briefe, eine in Mundart gehaltene Volkszeitschrift, im 19. Jahrhundert.
Das Gebiet wurde als Teil der Großgemeinde Floridsdorf an Wien angeschlossen (vergleiche auch Floridsdorf).

Leopoldstadt (1850: II.)

Der heutige Mensch kann es sich kaum mehr vorstellen, wie der *Untere Werd* (*Werd* hieß im Mittelalter Insel) sich früher präsentiert hat! Unzählige Inseln und Inselchen zwischen unzähligen Donauarmen – und dementsprechend häufig gab es Überschwemmungen. Wer glaubt das heute noch, wenn man so zwischen Praterstern, Praterstraße, Donaukanal und Hollandstraße herumspaziert? Und trotzdem ist das Gebiet seit etwa 1300 besiedelt!

Hier, im Unteren Werd, wurde 1625 nordwestlich der Kremser Straße (heute: Taborstraße) die Judenstadt angesiedelt. Auf Betreiben der ersten Gattin Leopolds I., Margarethe Theresia, der Tochter Philipps IV. von Spanien, wurde die Judenstadt 1670 wieder aufgelassen, die Bewohner vertrieben. (Ein Rettungsversuch des Autors für die Kaiserin: Es war weniger die im Backfischalter befindliche, eine Fehlgeburt nach der anderen erleidende Kaisergattin, sondern eher ihre aus Spanien mitgebrachten Berater, die den kompromisslosen Geist der Inquisition versprüht und sich letzten Endes durchgesetzt haben. Einheimische Mitkämpfer hatten sie ebenfalls, z. B. den Wiener Neustädter Bischof Leopold Kollonitsch.)

Die Synagoge wurde abgetragen, an ihrer Stelle eine Kirche gegründet. Geweiht wurde sie dem heiligen Babenbergermarkgrafen Leopold III., dem Namenspatron des regierenden Kaisers. Und aus dem *Unteren Werd* wurde eben aus diesem Grund bald die *Leopoldstadt* (das genaue Datum der Umbenennung ist unbekannt).

Heute heißt bekanntlich der gesamte II. Bezirk Leopoldstadt. Es gab keine Vorstadt, die sich nach der Vereinigung mit Wien dermaßen rasant entwickelt hätte! 1857 zählte man hier 56.016 Menschen, 1880 bereits 118.635! Die Bevölkerung hatte sich in 23 Jahren mehr als verdoppelt! Vor der NS-Machtübernahme galt dieser Bezirk als das jüdische Wien: Ein Drittel der Leopoldstädter Bevölkerung gehörte der mosaischen Glaubensgemeinschaft an – ein Prozentsatz, den kein Bundesland Österreichs und kein anderer Bezirk Wiens je erreicht hat.

In der Leopoldstadt befindet sich auch der Wiener Hafen, das Messegelände, der gesamte Prater (samt Stadion).

Bei dem Stichwort *Prater* bleiben wir natürlich ein bisschen stehen. Das Wort ist weder keltischen noch althochdeutschen oder slawischen Ursprungs! Das lateinische Wort *pratum* heißt »Wiese«. Aus einer im Jahre 1162 in Bologna ausgestellten Urkunde erfahren wir, dass Kaiser Friedrich I. (Barbarossa oder Rotbart) einem gewissen *Conradus, qui dicitur de prato* ein Gut *quod dicitur pratum* geschenkt hat, das heißt ein Gut, das Pratum genannt wird, wurde einem Konrad, der »vom Pratum« genannt wird, geschenkt.

Konrad ... 1162 ... kommt uns da etwas bekannt vor? Blättern Sie bitte zu Albern zurück!

Unter diesem *pratum* verstand man aber in den nächsten Jahrhunderten keine Wiese mehr, sondern ein riesiges kaiserliches Jagdgebiet.

1403 wurde aus dem lateinischen *pratum* das deutsche Wort *Prater* – und mit dem Prater assoziieren wir heute das Riesenrad, den Volks- oder Wurstelprater, das Lusthaus, die Hauptallee, das Stadion, das Messegelände, riesige Grüngebiete, k. u. k Nostalgie und Eleganz. Doch heute würde kein Reiseführer mehr feststellen: *Die vornehme Welt besucht nur die ...* ***Hauptallee*** *... Die Allee ist im Mai und Juni Schauplatz der durch glänzende Toiletten, schöne Pferde und Wagen berühmten Korsofahrten.*

Noch zwei Begriffe sind in der Leopoldstadt zu erklären, umso mehr, als das Gesetz vom 6. März 1850 sie explizit aufzählt: die Freudenau und die Krieau.

Krieau: Neben dem Prater lag einst eine Insel, um deren Besitz die Stadt Wien und das Stift Klosterneuburg rund 70 Jahre lang prozessierten. Der Streit endete 1618, die Stadt Wien trug den Sieg davon.

Wegen des langen Streits entstand das Wort *Streit-Au* bzw. das Wort *Kriegs-Au.* Und aus Kriegs-Au wurde eben die *Krieau.* Für strenge Geografie-Puritaner (oder Stadtgeschichte-Puritaner) ist das Stadion übrigens nicht im Prater, sondern in der Krieau!

Freudenau: *Vreudenau* hieß bereits im 14. Jahrhundert ein Turnierplatz, der damals noch auf der rechten Seite der Donau lag und zu Simmering gehörte. 1827 kam das Gebiet an Kaiser-Ebersdorf, wurde aber 1850 an den neu gegründeten II. Bezirk angeschlossen. Erst die Regulierungsarbeiten der Donau und des Donaukanals brachten die Freudenau auf die linke Seite des Donaukanals (vergleiche auch Kaiser-Ebersdorf).

Sowohl die Freudenau als auch die Krieau sind heute Zentren des Pferdesports.

Lichtental (1850: VIII., 1862: IX.)

Markgraf Leopold III., der Heilige, schenkte dem Stift Klosterneuburg ein Gebiet, das rund 150 Jahre später (um 1280) den Namen *Alt-Lichtenwörd* bekam. Seit dem 17. Jahrhundert ist es Liechtensteinscher Besitz, womit der Name *Lichtental* erklärbar wäre. Der Bau des Palais Liechtenstein führte zur Entwicklung und zum Aufschwung der Vorstadt Lichtental. Da Kaiser Karl VI. 1712 den Grundstein zur Errichtung der Lichtentaler Pfarrkirche gelegt hatte, gab es danach auch die Bezeichnung *Karlstadt,* die sich jedoch nicht durchsetzen konnte.
Diese Lichtentaler Pfarrkirche ist heute gemeinhin als »Schubertkirche« bekannt. Hier wurde der Komponist getauft, hier spielte er an der Orgel, hier wurden einige seiner Messen uraufgeführt – und nicht weit von der Kirche steht ja auch Schuberts Geburtshaus.

Liesing (1938: XXV., 1954: XXIII.)

Bereits im Jahr 1002 wurde das Dorf *Liezniccha* am Fluss Liezniccha in einer von Kaiser Heinrich II. ausgestellten Urkunde schriftlich erwähnt (Liezniccha ist slawisch und bedeutet Waldbach), zur größten Überraschung der jüngeren Generation hat Liesing mit Leasing aber nichts zu tun. 1188 übernahmen die Babenberger die Herrschaft (ihnen folgten aller Wahrscheinlichkeit nach auch hier die Habsburger in der Grundherrschaft).
Aber kehren wir zurück zu der Urkunde aus dem Jahr 1002. Es handelt sich um die erste Erwähnung eines Wiener Stadtteils!
Der Liesingbach wurde im 19. Jahrhundert wichtig für die Industriebetriebe, insbesondere für die Liesinger Brauerei, aber auch für die chemische Industrie. Durch den Bau der Südbahn wurde Liesing leichter erreichbar, wuchs weiter und wurde 1905 zur Stadt erhoben. Fast gleichzeitig wurde der Bau des Liesinger Rathauses fertig gestellt. Seit 1938, seit dem Anschluss an Wien, dient das ehemalige Rathaus als Bezirksamt. Es ist sicher kein Zufall, dass die ursprünglich als Rat-

häuser erbauten Bezirksämter (wie es auch in Floridsdorf der Fall ist!) zu den imposantesten und attraktivsten gehören.

Magdalenengrund (1850: V., 1862: VI.)

Eine verhältnismäßig neue Gründung fand um 1700 am linken Wienufer neben Gumpendorf statt: eine Siedlung entstand, die der *Maria-Magdalena-Kapelle* am Stephansfreithof, dem Friedhof des Stephansdoms, gehörte, darum bekam sie 1756 diesen Namen (auch als *Magdalenagrund* bekannt). Die Kapelle selbst wurde 1781 durch einen Brand zerstört. Magdalenengrund blieb und hieß im Volksmund *Ratzenstadl.* (Wahrscheinlich nicht wegen der hier wohnhaften *Raitzen* oder Serben, sondern wegen der Ratten. Ob diese nicht gerade schmeichelhafte Bezeichnung von Josef II. stammt, wie behauptet wurde, ist nicht sicher – wenn's nicht wahr ist, dann auf jeden Fall gut erfunden.) Die Sanierung des »Ratzenstadls« erfolgte Anfang des 20. Jahrhunderts.

Margareten (1850: IV., 1862: V.)

Wahrscheinlich schon im 12. Jahrhundert besiedelt, wurde doch ein *Niederer Hof* auf dem heutigen Margaretenplatz 1373 erwähnt (der Obere Hof befand sich am Wienerberg). 1395 wurde hier eine Kapelle zu Ehren der Heiligen Margarete von Antiochia gegründet, 1411 schrieb ein gotischer Chronist bereits *St. Margaretenkapelln zu Metzleinstorff.* Den Ortskern bildete der heutige Margaretenplatz (samt Hofgasse und Schlossgasse). Margareten zählte ursprünglich zu Matzleinsdorf und wurde 1540 abgetrennt.

Der Gründer von Nikolsdorf, der ungarische Erzbischof und Kardinal Nikolaus Olah, gehörte zu den Grundherren. Die frühere Erklärung, Margareten verdanke seinen Namen der legendären Tiroler Regentin Margarete Maultasch (1318–1369), stimmt nicht.

Margareten als gegenwärtiger V. Bezirk weist die größte Bevölkerungsdichte aller Wiener Bezirke auf: 244,33 Einwohner pro Hektar.

Mariahilf (1850: V., 1862: VI.)

Im Schöff hieß dieses Gebiet im 15. Jahrhundert, aber die Entwicklung zu einer Vorstadt setzte erst im 17. Jahrhundert ein. Im Jahre 1660 errichtete nämlich der Orden der Barnabiten einen Friedhof im Gebiet der heutigen Barnabitengasse, in dessen Kapelle eine Kopie des berühmten Muttergottesbildes aus Passau ausgestellt wurde, eben das Bild *Mariahilf*. Dieses Bild überstand die zweite Türkenbelagerung dank des Mesners Erhard Lampl, der – so die Geschichte – das Bild aus der bereits brennenden Kirche rettete und mit ihm, allen Gefahren trotzend, in die Stadt lief.

Anstelle der kleinen Kapelle wurde eine neue Kirche, *Mariahilf*, gebaut. Da die Errettung des Marienbilds einen Strom von Wallfahrten auslöste, begann hier bald eine urbane Entwicklung (das erste Gebäude war natürlich ein Wirtshaus).

Die heutige Mariahilfer Straße war früher die Hauptverbindung zwischen Wien und Schönbrunn bzw. die Hauptverbindung nach Westen. Sie war auch die Hauptachse der Vorstadt Mariahilf, die 1850 geteilt wurde: der Süden bildete den V. (später den VI.) Bezirk und gab ihm auch den Namen, die nördlichen Teile kamen an den VI. (ab 1862: den VII.) Bezirk.

Zwei der bekanntesten Theater Wiens befinden sich in Mariahilf: das Raimundtheater und das Theater an der Wien.

Matzleinsdorf (1850: IV., 1862: V.)

Die Gründung des Ortes ist mit dem Namen des *Otto von Mazilinestorf* verbunden (1136), sie kann aber auch schon früher erfolgt sein. Der Ortskern lag nördlich der heutigen Kreuzung Reinprechtsdorfer

Straße – Wiedner Hauptstraße. 1305 schrieb man *Metzleinstal,* 1444 hieß der Ort bereits *Matzleinstorff.* 1540 verlor Matzleinsdorf Margareten und Nikolsdorf.
Die Schreibweise von 1305 lebt heute im Namen des Metzleinstaler Hofes weiter: so heißt das älteste Gemeindehaus Wiens.

Mauer (1938: XXV., 1954: XXIII.)

Römische Mauerreste können für den Namen verantwortlich sein (das ist aber nicht hundertprozentig nachweisbar), 1210 wird *Můer* urkundlich erwähnt. Damals bestand die Ortschaft aus zwei Teilen: *Gereut* und *Mauer.* »Gereut« hieß die Burg und die letzten Reste dieser Burganlage wurden erst einige Jahre nach dem Ersten Weltkrieg abgetragen.
Der Weinbau prägte den Ort bereits im späten Mittelalter und der daraus resultierende Wohlstand wurde durch die beiden Türkenstürme unterbrochen. Im 19. Jahrhundert entwickelte sich Mauer zur Sommerfrische, die Industrie konnte hier kaum Fuß fassen. Die erste Dampftramway (Hietzing – Perchtoldsdorf aus dem Jahr 1883) rückte Mauer weiter in die Nähe der Hauptstadt. In den Zwanzigerjahren des 20. Jahrhunderts entstand in Mauer ein (bereits aufgelassener) Flugpla... Pardon, Airport, heißt das neudeutsche Wort. Erwähnt sei noch das legendäre Filmstudio Rosenhügel.
Wenn Mauer auch erst 1938 an Wien angeschlossen wurde, einige Teile der Gemeinde kamen bereits früher an die Hauptstadt (wie wir es im Geschichtlichen Überblick gesehen haben). Wahrzeichen von Mauer ist heute Fritz Wotrubas moderne Betonkirche.

Meidling (1890: XII.)

Eine Frage aus der Millionenshow: *Miwerlingen, Muerlingen, Murlingen* oder *Mwerlingen* ... Wie liest man jene Ortsbezeichnung richtig, die in einer am 27. Dezember 1146 ausgestellten Urkunde dokumentiert ist? Ausgestellt wurde sie in Viterbo von Papst Eugen III., der eine babenbergische Schenkung an das Stift Klosterneuburg bestätigt hat. Ob das Wort slawischen Ursprungs ist? Woher es stammt, ist unbekannt, hieß es früher. Die These der Germanisten lautet folgendermaßen: *Můre* hieß Mauer. Wenn wir dieses Wort mit der Endung -ing kombinieren, hätten wir Menschen, die »bei der Mauer« wohnen.

92 Jahre nach der ersten Nennung, das heißt 1258, taucht *Mevrling* das erste Mal in Klosterneuburger Dokumenten auf, nach diversen anderen Schreibweisen landen wir im 18. Jahrhundert bei *Meidling.*

Den Ortskern bildete das Gebiet Meidlinger Hauptstraße – Tivoligasse – Theresienbadgasse. Stichwort Theresienbadgasse: die Quellen des Theresienbades wurden 1755 entdeckt und trugen zur Entwicklung des Rokoko-Fremdenverkehrs entscheidend bei (warum eine 1755 entdeckte Quelle den Namen *Theresia* bekommen hat, braucht sicher nicht erklärt zu werden).

Im 18. Jahrhundert entwickelte sich Meidling weiter westwärts bis zur gegenwärtigen Grünbergstraße, 1794 wurde sogar eine Teilung vorgenommen: es entstanden Ober-Meidling (die neuen Gebiete) und Unter-Meidling (der östlicher liegende alte Ortskern). 1806 erfolgte die Trennung in zwei voneinander unabhängige Ortschaften.

Unter-Meidling ist übrigens auch mit der Verkehrsentwicklung Wiens untrennbar verbunden! Der große Bahningenieur Matthias Schönerer begab sich Anfang 1838 per Segelschiff nach Amerika, kaufte bei der Firma Norris in Philadelphia eine Lokomotive desselben Namens, zerlegte sie, brachte sie wieder per Segelschiff nach Triest, von Triest nach Unter-Meidling, montierte hier wieder alles brav zusammen – und die Lok wurde bereits am 31. August 1838 in Betrieb gesetzt. (Und jetzt wissen wir auch, wieso es in Meidling eine Philadelphiabrücke gibt!)

1846 wurden Unter-Meidling einige Quadratkilometer abgezwickt und unter dem Namen Wilhelmsdorf als selbstständige Gemeinde konstituiert (zu Ehren des Klosterneuburger Probstes Wilhelm Sedlaczek). Bereits 1850 erfolgte die Rückgliederung an Unter-Meidling.

Michelbeuern (1850: VIII., 1862: IX.)

Im Salzburger Flachgau begann man im Jahr 978 mit dem Wiederaufbau der Benediktinerabtei St. Michael zu Beuern. 96 Jahre später bekam dieses Stift in Wien einen *Hof zu Wahring* zwischen dem Alsbach und dem Währinger Bach, natürlich mit Weinbergen und Wiesen. Heute würden wir vom Gebiet zwischen Gürtel, Zimmermannplatz, Lazarettgasse, Spitalgasse und Währinger Straße reden.
Ebenfalls im 11. Jahrhundert wurde die Kirche St. Johann im heutigen Arne-Carlsson-Park gegründet. Ob sie tatsächlich für die durch Wien ziehenden Kreuzfahrer erbaut worden ist, kann angezweifelt werden, die Legende, sie sei eine Gründung des heiligen Severin, ist aber bestimmt nicht wahr.
In dem der Kirche angeschlossenen Spital (besser: Hospiz!) gab es 1179 den ersten nachweisbaren Pestkranken – dementsprechend lautete die nachfolgende Bezeichnung St. Johann an der Siechenals – von der Spitzhacke wurde das Gebäude erst 1858 erwischt.
Michelbeuern gehörte ursprünglich zur Alservorstadt, selbstständige Vorstadt ist es seit 1794.

Neubau (1850: VI., 1862: VII.)

Der Name Neubau ist seit 1550 belegt. *St. Ulrich Oberes Gut* (vergleiche St. Ulrich) oder *Neustift* waren weitere Bezeichnungen für das Gebiet, das man heute mit der Gegend Stiftgasse – Mariahilfer Straße – Neubaugasse – Hermanngasse – Burggasse – Zieglergasse – Lerchenfelder Straße – Kellermanngasse – Kirchengasse – Burggasse abgrenzen könnte. (Die Burggasse hieß einst Lange Kellergasse und von den meisten anderen Gassennamen war noch keine Rede. Die Neubaugasse ist allerdings seit dem 16. Jahrhundert nachweisbar und hieß ursprünglich Lange Gasse.)
1777 wurde das Schottenfeld von Neubau abgetrennt.
Unter »Neubau« versteht man heute den VII. Bezirk – ein Zentrum

des Handels. Mit dem restaurierten Spittelbergviertel, mit dem Volkstheater, mit dem neuen Museumsquartier, mit der noch neueren Städtischen Bücherei gibt es hier zahlreiche kulturelle Institutionen Wiens.

Neulerchenfeld (1890: XVI.)

Zwischen der heutigen Gaullachergasse und der Grundsteingasse entwickelte sich nach der zweiten Türkenbelagerung eine neue Siedlung mit dem ursprünglichen Namen *Unter-Ottakrün* oder Unter-Ottakring. Anfang des 18. Jahrhunderts wurde sie eine selbstständige Gemeinde und hieß Neulerchenfeld (vergleiche auch Altlerchenfeld!). Gemüse- und Obstanbau sowie Handwerk waren die wichtigsten Wirtschaftszweige, aber einige Jahre später begann die Dominanz der Wirtshäuser, sonst hätte man Neulerchenfeld nicht schon um 1800 als *des Heiligen Römischen Reiches größtes Wirtshaus* bezeichnet.
Das Heilige Römische Reich ging bald unter, die Wirtshäuser blieben einstweilen. (92 Lokale in 157 Häusern anno 1835: nicht schlecht!) In Wirtshäusern wird bekanntlich oft musiziert – und Neulerchenfeld ist mit der Entwicklung der Schrammelmusik untrennbar verbunden!
Im 19. Jahrhundert setzte hier eine ganz extensive Industrialisierung ein und logischerweise auch eine immense Bautätigkeit: Neulerchenfeld erstreckte sich im Süden bis zur heutigen Gablenzgasse (sie hieß 1880 herum noch Burggasse – das heißt, die uns bekannte Burggasse durfte auch außerhalb des VII. Bezirks denselben Namen führen).
Zu Ehren des einstigen Thaliatheaters (vergleiche auch Fünfhaus) wurde die frühere Neulerchenfelder Straße in Thaliastraße umbenannt und die Neu-Lerchenfelder Haupt-Gasse bekam den kürzeren Namen: Neulerchenfelder Straße (es gab aber auch noch kompliziertere Namen: *Erste Haupt- oder doppelte Gasse* (doppelt: die Häuser standen beiderseits der Gasse, sonst standen sie auf einer Seite, gegenüber gab es nur Gärten).

Als 1890 die Vereinigung Neulerchenfelds mit Ottakring zum XVI. Bezirk verordnet worden war, brach der Lokalpatriotismus in beiden Ortschaften aus: wie sollte der neue Bezirk heißen? Ottakring hatte mehr Einwohner, Neulerchenfeld war moderner und – wenn auch nicht reich! – so doch wohlhabender. Wie modern Neulerchenfeld gewesen ist, zeigen auch die Zahlen: von 600 Häusern hatten 230 drei oder mehr Stockwerke, von den 1.346 Ottakringer Häusern aber nur 148!

Nach etlichen hitzigen Debatten und Diskussionen in Amtsräumen, nach noch hitzigeren Raufereien und Messerstechereien in diversen Wirtshäusern oder auf der Straße wurde eine salomonische – oder besser österreichische – Lösung getroffen: der Bezirk durfte Ottakring heißen, aber der erste Bezirksvorsteher kam aus Neulerchenfeld!

Und heute? Heute findet man in Neulerchenfeld den Brunnenmarkt, den, wie es immer so schön heißt, längsten Straßenmarkt Europas. Er wurde vor einigen Monaten vom türkischen Ministerpräsidenten Erdogan besucht: die Gegend des Brunnenmarktes gilt heute als das »türkische Wien«.

Neustift am Walde (1890: XVIII., 1938: XIX.)

Am 24. April 1330 wurde berichtet, dass die Vertreter Sieverings, Salmannsdorfs und *Newstifts* zusammengekommen waren, um über eigene Kirchenbauten zu verhandeln (vergleiche auch Salmannsdorf): damit hätten wir die erste schriftliche Erwähnung! *Neustift* galt immer als Hinweis auf eine neue Errichtung, eine neue Stiftung.

Der Zusatz »am Walde« datiert aus dem Jahre 1414.

Der dörfliche Charakter wich auch im 19. Jahrhundert nicht: 1885 gab es in Neustift am Walde nur 524 Einwohner.

Neuwaldegg (1890: XVII.)

Eine Urkunde erwähnt bereits 1309 ein Schloss *Waldeckh*, der Name *Neuwaldegg* stammt aus dem Jahre 1535 – der *neue* Besitz eines Herrn Agler samt Burg lag ja an der *Ecke* eines *Waldes*. Die Entwicklung zu einer selbstständigen Ortschaft begann einige Jahre danach durch Grundschenkungen Ferdinands I. Es gab auch die Bezeichnung Oberdornbach bzw. Dornbach Oberes Gut (durch die Nachbarschaft der älteren Gemeinde Dornbach).

Heute kaum noch bekannt ist das Schloss Neuwaldegg – immerhin ein Werk des Johann Bernhard Fischer von Erlach!

Die Lage Neuwaldeggs, das sich fast schon im Wienerwald befindet, verhinderte natürlich eine großstädtische Entwicklung: Laut Statistik lebten hier 1880 nur 385 Menschen.

Nikolsdorf (1850: IV., 1862: V.)

Der ungarische Kardinal und Staatsmann, Erzbischof von Gran (Esztergom) Oláh Miklós (auf Deutsch: Nikolaus Olah) gründete zwischen 1555 und 1568 planmäßig eine Siedlung auf der Höhe Siebenbrunnengasse – Wiedner Hauptstraße. Nikolsdorf trug den Namen seines Gründers: *Nikolausdorf*. 1594 wurde *Niclsdorff* bereits schriftlich erwähnt.

Nikolaus Olah war auch Grundherr Margaretens. Mit dessen Abtrennung von Matzleinsdorf wurden gleichzeitig auch die späteren Nikolsburger Gebiete von Matzleinsdorf abgespalten (vergleiche auch Margareten).

Eine andere Erklärung, warum Nikolsdorf seinen Namen erhielt, weist auf das Kloster St. Nikolai vor dem Stubentor hin. Diese Theorie ist aber eher unwahrscheinlich.

Nussdorf (1890: XIX.)

Wenn's noch so unglaublich klingen mag: unsere Vermutung ist richtig und Nussdorf verdankt seinen Namen tatsächlich dem einstigen Reichtum an Nussbäumen. Die erste Nennung stammt aus dem Jahr 1114, die ursprüngliche Version hieß *Nuzdorf*. Das Ortszentrum dürfte der heutigen Greinergasse entsprochen haben.
Es gab auch die Herren von Nussdorf – und damit wir doch noch eine Gegenmeinung kennen lernen: die Ortschaft bekam den Namen der Herren (und nicht umgekehrt). Aber heute tendiert man eher dazu, die Wurzel der Namensentwicklung in den Nussbäumen zu sehen.
1874 eröffnete man die Zahnradbahn von Nussdorf auf den Kahlenberg. Sie war 5,5 Kilometer lang, überwand einen Höhenunterschied von 316 Metern, beförderte im Jahr 1908 immerhin 500 Menschen pro Tag und wurde 1920 sang- und klanglos eingestellt.
Nussdorf kann heute keinesfalls als Abstinenzlerzentrum bezeichnet werden (bitte vergleichen Sie hiezu auch Grinzing).

Ober-Baumgarten (1890: XIII., 1938: XIV.)

Vergleiche: Baumgarten

Oberdöbling (1890: XIX.)

Vergleiche: Döbling

Oberlaa (1938: XXIII., 1954: X.)

Für den Begriff »Wald«, »Gebüsch« oder »Gehölz« gab es einmal ein althochdeutsches Wort: *Loh* (es gab dafür auch andere Schreibwei-

sen – lesen Sie auch nach unter Donaustadt, Lobau). *Laa* kommt schon im 14. und 15. Jahrhundert vor. Doch bereits in einer Schenkungsurkunde aus dem 12. Jahrhundert können wir auf jeden Fall das Wort *Lô* finden: die erste Erwähnung von Oberlaa (auch wenn man annimmt, dass die Ortschaft schon hundert oder zweihundert Jahre früher existiert hat).
Oberlaa wurde 1469 an das frisch gegründete Wiener Bistum übergeben, auf den 1585–1859 bestehenden Bischofshof weist heute noch die Bischofsgasse hin. 1722 wurde diese bescheidene Ortschaft sogar zum Sitz eines Dekanats erhoben: alle Pfarren südwestlich der Donau, bis auf die Wiener Pfarren, aber auch Mödling und Perchtoldsdorf, unterstanden diesem Dekanat!
Im Laufe der Jahrhunderte gab es hier prominente Grundbesitzer: das Stift Altenburg, die Johanniter oder die Familie Starhemberg. 1744–1746 baute ein prominenter Architekt, Matthias Gerl, die Kirche. Er schuf auch das Gebäude der österreichisch-böhmischen Hofkanzlei, den heutigen Verwaltungsgerichtshof.
Oberlaa litt nicht nur unter den Türken, sondern auch unter Napoleons Armee, 1848 sogar unter den kaisertreuen Truppen des Banus Jellačić. Und was tat sich im 20. Jahrhundert? 1928 wurde die Wasserleitung eingeführt, 1930 sogar das elektrische Licht – und 1932 jubelten die Geologen: Erdgasfund in Oberlaa! Man begann auch bald mit der Förderung, allerdings versiegten diese Erdgasquellen bereits nach einigen Jahren.
Der Anschluss Oberlaas an Wien ist eine komplizierte Angelegenheit gewesen, aber wir werden's schaffen: 1890 wurde ein kleiner Teil an den X. Bezirk angegliedert, der Rest folgte 1938: Oberlaa lag nunmehr im XXIII. Bezirk – aber der XXIII. Bezirk war ja damals nicht unser heutiger Bezirk Liesing, sondern Schwechat!
1974 veranstaltete man in Oberlaa die II. Internationale Gartenschau. Und seither suchten und suchen zigtausende Menschen Heilung oder Erholung in den Schwefelquellen von Oberlaa.

Ober-Meidling (1890: XII.)

Vergleiche: Meidling

Ober St. Veit (1890: XIII.)

Vergleiche: St. Veit.

Ottakring (1890: XVI.)

Die Endung *-ing* kommt uns bereits bekannt vor und wir tippen sofort auf die Gründung im 9. Jahrhundert. Das mag stimmen, aber der Ortsname *Otachringen* stammt erst aus dem 12. Jahrhundert und die Besitzrechte des Grafen *Ottacher* (frühes 9. Jahrhundert) sind rein hypothetischer Natur. Und auch die Verbindung mit Odoaker, dem Bezwinger des Römischen Reiches (476) gehört in die Welt der Legenden.
Tatsache ist jedoch, dass Markgraf Leopold III., der Heilige, Ottakring dem Stift Klosterneuburg geschenkt hat. Bis 1848 gehörte Ottakring dem Stift, das heißt über 700 Jahre lang! Der traditionelle Weinbau wurde nur durch den Ungarnkönig Matthias Corvinus, später durch die Türken – und natürlich des Öfteren durch die Pest gestört.
Im Mittelalter gab es zwei Ortskerne: der ältere, der wahrscheinlich aus dem 9. Jahrhundert stammte, lag in der Gegend des heutigen Ottakringer Friedhofs, der jüngere (ob er aus dem 11. Jahrhundert stammt, ist ungewiss), knapp westlich der heutigen Vorortelinie.
1806 entstand in Ottakring eine Spinnerei, 1837 die Ottakringer Brauerei. Und östlich des alten Ortsgebiets begann nach einem verheerenden Brand im Jahr 1835 eine rapide Entwicklung: man sprach sogar von Neu-Ottakring, das bald städtischen Charakter zeigen sollte – das westlicher liegende Alt-Ottakring bewahrte eher sein ursprüngliches dörfliches Bild. Die Nordgrenze vor dem Anschluss an Wien 1890

wurde von der Ottakringer Hauptstraße gebildet (heute ist es schlicht und einfach die Ottakringer Straße).
Die Gründerzeit wirkte auch hier (Wirtschafts-)Wunder: aus knapp 7.200 Ottakringern anno 1850 wurden zur Zeit der Vereinigung mit Wien 1890 fast 62.000. Damals war Ottakring der am stärksten besiedelte Bezirk von den »Neuerwerbungen« Wiens: 122,8 Menschen lebten hier pro Hektar (in den anderen Vororten waren es durchschnittlich 42,75 Einwohner), im alten Stadtgebiet hingegen lebten auf demselben Raum 147,53 Personen.
War das viel oder wenig?
Gleichzeitig hieß es in Paris 310! Das müssen katastrophale Wohnverhältnisse gewesen sein, heute leben in Wien nur 37 Menschen pro Hektar!
Ottakring, als der XVI. Bezirk, hatte den Ruf (und hat ihn teilweise noch immer), ein Arbeiterbezirk zu sein (man denkt hier wieder an den Bürgerkrieg 1934 und an die Kämpfe um das Ottakringer Arbeiterheim), aber im Laufe der vergangenen 20 bis 30 Jahre fand sowohl in den so genannten Arbeiterbezirken als auch in den so genannten Nobelbezirken eine Angleichung statt. Und schließlich hat (und hatte!) Ottakring im Westen auch ein wunderschönes Villenviertel.
Auch für das Wienerlied hat Ottakring eine große Bedeutung! Nicht nur wegen der Gebrüder Schrammel (vergleiche Neulerchenfeld). Karl Föderl lebte hier und komponierte rund 800 Lieder, Ludwig Gruber war ebenfalls ein Ottakringer. Sein Name ist heute kaum bekannt, seine Melodien umso mehr: z. B. *Es wird ein Wein sein* oder *Mei Muatterl war a Weanerin.* Andere wohl bekannte Wienerlieder (z. B. *Das silberne Kannderl*) verdanken wir Franz Paul Fiebrich.

Penzing (1890: XIII., 1938: XIV.)

Nach den sprachwissenschaftlichen Gedankengängen über Hietzing schwören wir jetzt jeden Eid, dass die Herren von Penz oder Penzo bereits vor mehr als 1.200 Jahren hier ihre Güter gehabt haben und

dass alles schriftlich dokumentiert ist ... Schwören Sie doch keinen Eid, es könnte ein Meineid sein. Erst im Jahr 1130 taucht nämlich der Name des *Regenbertus de Penzingen* auf.
Das ursprüngliche Penzinger Gebiet nördlich des Wienflusses befand sich zwischen der heutigen Einwanggasse und der Diesterweggasse. Die erste Kirchengründung erfolgte im Jahr 1267, diese Kirche ist die älteste im heutigen XIV. Bezirk.
Im 15. Jahrhundert ist Penzing als typisches Straßendorf nachweisbar (mit fünf bescheidenen Seitengässchen). Und da die Herren von Penzing bereits im 14. Jahrhundert ausgestorben waren, gehörte es 1542–1747 dem Wiener Bürgerspital.
Großen Zulauf fand im 16. Jahrhundert die Wiedertäuferbewegung; zwei Penzinger wurden deshalb am 24. März 1528 auf dem Scheiterhaufen verbrannt. Der Bau Schönbrunns – obwohl nicht in Penzing! – führte zu beträchtlichem Aufschwung, da viele Handwerker, später Hofbedienstete, sich hier ansiedelten.

Pötzleinsdorf (1890: XVIII.)

Ein herkulisch gebauter Ritter ging eines Tages im Wald spazieren, wurde von einem Bären attackiert, bezwang diesen mit den bloßen Händen, brachte ihn in seine Burg, richtete ihn ab, als wäre er ein Hund – und bekam den Spitznamen *Petzler* (dass der Bär in der Fabel *Meister Petz* heißt, ist ja wohl bekannt).
Die geneigte Leserin, den geneigten Leser beschleicht der leise Verdacht, dass der Autor hier eine Legende erzählt hat, statt sich auf historische Fakten zu konzentrieren.
Der Verdacht stimmt, also fangen wir mit den trockenen Daten und Jahreszahlen an:
1112 wurden die *Herren von Pezelinsdorf* schriftlich erwähnt. Sie kamen wahrscheinlich mit den Babenbergern in unsere Gegend und starben im 14. Jahrhundert aus. 1289 erwähnen Zwettler Quellen bereits *Petzleinsdorf*. Nach wechselnden Herrschaften erwarb Freiherr

von Geymüller Pötzleinsdorf im Jahre 1797: das Geymüller-Schlössl erinnert heute noch an ihn.

Reinprechtsdorf (1850: IV., 1862: V.)

Zuerst 1270 genannt, handelte es sich um eine Häuserzeile entlang der heutigen Schönbrunner Straße. Früher hieß es, die älteste bekannte Besitzerfamilie (die *Rampesdorfer)*, würde Reinprechtsdorf besitzen. Wir denken jetzt etwa an den ehemaligen Wiener Ratsherrn Konrad Ramperstorffer, der 1408 als Opfer eines habsburgischen Bruderzwistes enthauptet wurde. Neueste Forschungen sehen jedoch keine Verbindungen zwischen Reinprechtsdorf und den Rampersdorfern – das bedeutet, der Ursprung des Namens ist nach dem heutigen Stand der Geschichtswissenschaft unbekannt.
Die Ortschaft verödete im späten Mittelalter total, das Gebiet gehörte im 16. Jahrhundert dem ungarischen Erzbischof Olah (vergleiche Nikolsdorf). Eine Wiedergeburt erfolgte um 1730, wenn auch das neue Territorium nicht hundertprozentig dem mittelalterlichen entsprach (das neue Gebiet lag im Viereck Margaretenstraße – Reinprechtsdorfer Straße – Schönbrunner Straße – Ramperstorffergasse).

Rodaun (1938: XXV., 1954: XXIII.)

Dem slawischen Mädchennamen *Radune* oder *Radunja* verdankte diese Ortschaft ihre Bezeichnung (erste Erwähnung 1170).
Als Agrargebiet wurde Rodaun im 16. Jahrhundert ein wichtiger und qualitätsvoller Lebensmittellieferant Wiens und im Besitz der Familie Landau wurde Rodaun im 16. Jahrhundert eine protestantische Hochburg (vergleiche auch Inzersdorf). Die Türken zerstörten 1683 allerdings ein bereits rekatholisiertes Dorf.
Die Rodauner Schwefelquellen lockten im 18. Jahrhundert den Adel an, daran erinnert das Fuchs-Schlössl, das der Gräfin Fuchs, der Aja

(Erzieherin) der Maria Theresia, gehörte. Rund zweihundert Jahre später wohnte und starb hier Hugo von Hofmannsthal. Die bereits erwähnte Dampftramway hatte auch für den Rodauner Fremdenverkehr eine große Bedeutung.

Rossau (1850: VIII., 1862: IX.)

Eine Vorstadt mit diesem Namen gab es schon im Mittelalter, sie wurde 1529 jedoch völlig zerstört. Aus dem bereits 1377 nachweisbaren Namen *Rossetrenke,* auch »Pferdetränke« genannt, wurde im 16. Jahrhundert *Roßau.* Und dieser Name lebte trotz der Zerstörung der Ortschaft weiter!

Der Aufschwung von Rossau (das heutige Viereck Berggasse – Liechtensteinstraße – Alserbachstraße – Donaukanal) begann mit dem Einzug des Servitenordens im 17. Jahrhundert. Zuerst wurde 1639 eine Kapelle geweiht, dann wurde für eine größere Kirche gesammelt. Der eifrigste Förderer war der dank Friedrich Schiller bestens bekannte Heerführer Octavio Piccolomini – deshalb ist die Servitenkirche seine letzte Ruhestätte. 1670 wurde die Kirche geweiht, und wenn Sie beim nächsten Quiz gefragt werden, welche Wiener Kuppelkirche die älteste ist, dann ignorieren Sie die Karlskirche oder die Peterskirche: es ist die Servitenkirche, die – wie ein Wunder! – die zweite Türkenbelagerung mit knapper Not überstanden hat. Erwähnenswert ist noch der Papstbesuch von Pius VI. im Jahre 1782.

In der Rossau, in der Seegasse, befand sich auch der bereits Anfang des 16. Jahrhunderts erwähnte *Juden-Freythoff,* Samuel Oppenheimer gründete 1698 ein jüdisches Spital. Und in der Rossau befand sich einst auch die Wiener Porzellanmanufaktur (bevor sie sich im Augarten angesiedelt hat und zum Herstellungsort des Augarten-Porzellans mutierte!) – kein Wunder, dass wir hier die Porzellangasse finden!

Rothneusiedl (1938: XXIII., 1954: X.)

»Neusiedl« weist wahrscheinlich auf Urbarmachung hin, aber was machen wir mit »roth«? Handelt es sich um die *rothe* Farbe der Häuser oder um den *roten* Lehmboden? Heute wird eher der zweiten Version Glauben geschenkt.
1217 erscheint in einer Urkunde die Bezeichnung *Newensidel.* Rothneusiedl gehörte im späten Mittelalter den Herren von Laa, im 17. und 18. Jahrhundert aber den Grafen von Starhemberg.
Die Entwicklung war nicht überwältigend. 1891 gab es 341 Einwohner, 1900 immerhin 417. Was aber viel interessanter ist: 1891 wohnten dort 36 Tschechen (also knapp unter elf Prozent), 1900 bereits 168 (annähernd 40 Prozent!). 1938 wurde Rothneusiedel ein Teil des damals neu geschaffenen XXIII. Bezirks, Schwechat, 1954 ein Teil Favoritens.
Und jetzt kommt die größte Überraschung:
Die erste Kirche wurde erst in den Jahren 1952–1955 erbaut!

Rudolfsheim (1890: XIV., 1938: XV.)

1863 beschlossen drei selbstständige Ortschaften, *Braunhirschengrund* (heute ungefähr die Gegend Dadlergasse – Schwendergasse), *Reindorf* (östlich des Braunhirschengrundes, nördlich der Sechshauser Straße) und *Rustendorf* (am Ende der Mariahilfer Straße) ihren Zusammenschluss. Am 5. Jänner 1864 schlossen die drei Gemeindeverwaltungen ihre Pforten, die Rudolfsheimer Verwaltung übernahm dafür ihre Tätigkeit.
Berechtigte Frage: wieso kommen drei selbstständige Ortsverwaltungen auf die Idee, sich zusammenzuschließen? Von drei Bürgermeistern müssen ja dann zwei auf ihr Amt, auf ihren Titel verzichten! Schrecklich!
Die Antwort ist einfach. Diese drei kleinen Gemeinden wuchsen praktisch zusammen und alle drei waren viel zu klein, um jene Gel-

der aufzubringen, die die Modernisierungswelle, die Industrialisierung des 19. Jahrhunderts, gefordert hatte (vergleichen Sie auch § 4 des provisorischen Gemeindegesetzes von 1850). Also versuchte man es eben im Sinne des kaiserlichen Wahlspruchs *mit vereinten Kräften: Viribus unitis!* Die drei Vororte schlossen sich zusammen. Dass die Einigungsverhandlungen 13 Jahre gedauert haben, erwähnen wir nur so nebenbei …

Und diese neue Gemeinde wurde nun nach dem erst fünf Jahre alten Thronfolger Rudolf *Rudolfsheim* genannt. Über die Benennung gab es keine Debatte, der Antrag des Reindorfer Bürgermeisters Benedikt Schellinger wurde sofort und einstimmig angenommen.

Rudolfsheim lag also nördlich von Sechshaus, südlich der Westbahn und nach einigen Jahren begann die Bautätigkeit auch nördlich der Westbahn, man sprach daher auch von Neu-Rudolfsheim.

Die Rudolfsheimer Selbstständigkeit war nicht von langer Dauer. Es waren nicht einmal 27 Jahre: Sie währte von Jänner 1864 bis Dezember 1890!

Im Jahr 1890 verschwand der Name, seit 1957 lebt er in dem des XV. Bezirks weiter: Rudolfsheim-Fünfhaus.

Salmannsdorf (1890: XVIII., 1938: XIX.)

Der Wiener Notar Dr. Anton Feistl widmete sich nicht nur den Paragraphen, sondern auch der Poesie:

In Salmannsdorf, so wird gesagt,
Und zwar von hier war's, wo Soliman
Im Kampf um Wien den Plan erdacht,
Wie man es nicht gewinnen kann.
Zum Angedenken nun daran
Hat auch das Volk etwas geplant
Und nach dem Namen Soliman
Den Ort hier Salmannsdorf genannt.

Wenn wir uns an die Beschreibung von Kaiser-Ebersdorf erinnern, stellen wir fest, dass das Gedicht mit den Tatsachen nichts zu tun hat! Soliman (Suliman oder Soleyman) residierte etliche Meilen von Salmannsdorf entfernt!

Salmannsdorf wurde bereits 1279 als Dorf eines *Salmanns,* eines freien Adeligen, schriftlich erwähnt. *Saljan* bedeutete im Althochdeutschen *Übergeben,* durch die *Salung* erfolgte die rechtmäßige, legale Übergabe dieses Gutes.

Und wir sind jetzt überhaupt nicht mehr überrascht, dass wir diese erste schriftliche Erwähnung im Klosterneuburger *Salbuch* finden, heißt ja »Salbuch« ungefähr so viel wie das »Buch der Übergaben«.

Die frommen Salmannsdorfer hatten im Mittelalter jeden Sonntag einen langen, gefährlichen Fußmarsch zu bewältigen: die nächstgelegene Kirche war St. Michael in Heiligenstadt und im Winter musste man mit den damals im Wienerwald heimischen Wölfen rechnen! Erst 1330 bekamen sie eine eigene Kirche.

Mit 287 Einwohnern war Salmannsdorf der kleinste Vorort in der Statistik 1880.

Bei der Stadterweiterung wurde er zwar an den XVIII. Bezirk angeschlossen, aber einige Teile kamen bereits damals an den XIX. Bezirk.

Schaumburgergrund (1850: IV.)

Bezeichnungen im Mittelalter: *Am praiten Anger* oder *Am Silbereck.* *Graf Johann von Schaumburg* erwarb hier Güter im Jahr 1450. (Die Familie stammt aus oberösterreichischem Adel, ist seit 1142 nachweisbar und mit der Familie Schaumburg-Lippe in Deutschland nicht identisch.) Der Mannesstamm der Schaumburger starb im 16. Jahrhundert aus, die Schwester des letzten Schaumburgers heiratete einen Grafen von Starhemberg und damit begann hier die Grundherrschaft eines anderen oberösterreichischen Adelsgeschlechts. Anfang des 18. Jahrhunderts wurde das Gebiet durch Ankäufe vergrößert – und jetzt wissen wir, wo wir den früheren Schaumburgergrund fin-

den: nordwestlich der Ecke Gürtel – Favoritenstraße, eben dort, wo sich heute die Graf-Starhemberg-Gasse befindet.
Die Verselbstständigung des Schaumburgergrundes zu einer Vorstadt erfolgte erst 1813.
Im Mittelalter besaß die Familie Schaumburg den Schaumburgerhof in der Wiener Innenstadt, der später in den Besitz der Landesfürsten kam und schließlich abgerissen wurde – heute steht dort das Kapuzinerkloster samt Kaisergruft!
Eine andere Schreibweise des Familiennamens lautete übrigens »Schaunberg«.

Schottenfeld (1850: VI., 1862: VII.)

1719 begann man mit der Parzellierung, 1777 entstand die Vorstadt, sie gehörte bis dahin zu Neubau. Hier übte das Wiener *Schottenstift* die Grundherrschaft aus. Abt Benno Pointner (wir kennen ihn bereits aus Breitenfeld) gehörte auch in diesem Stadtteil zu den großen Förderern einer städtischen Entwicklung.
Dem Zentrum des Schottenfelds entspricht die heutige Westbahnstraße, die südliche Grenze bildete die Mariahilfer Straße, die nördliche die Badgasse und die östliche die Hermanngasse. Die Jahreszahl 1777 lässt uns vermuten, dass der Linienwall im Westen die Grenze gewesen sein muss.
Unter Josef II. wurde das Schottenfeld zum Mittelpunkt der österreichischen Seidenerzeugung: es gab 300 Betriebe mit 30.000 Arbeitern! Praktisch in jedem Haus muss es mindestens eine Seidenmanufaktur gegeben haben. Die Gegend hieß wegen des Reichtums der Fabrikanten nicht zufällig *Brillantengrund.* Nach 1840 ging es mit der Schottenfelder Seidenherrlichkeit bergab.

Schönbrunn (1890: XIII.)

Es kann nicht die Aufgabe dieses kleinen Buches sein, die 25.000ste Schönbrunnbeschreibung zu liefern. Aber das Vereinigungsgesetz von 1890 listete auch expressis verbis die Katastralgemeinde Schönbrunn auf (die zwischen Hietzing, Penzing und Meidling lag). Die Statistiker des Jahres 1880 stellten hier immerhin 540 Einwohner fest. Woher der Name kommt? Kaiser Matthias (1612–1618) fand hier eine Quelle, den *schönen Brunnen.*

Sechshaus (1890: XIV., 1938: XV.)

Eine verhältnismäßig junge Siedlung: 1769 wurden sechs Häuser südlich der heutigen Sechshauser Straße erwähnt. 1824 waren es bereits 124.

Gaudenzdorf bildete die südliche Grenze, die Hollergasse die westliche, Rudolfsheim die nördliche, und als Sechshaus ein Teil Wiens werden sollte, bildeten ein winziger Teil des VI. Bezirks sowie Fünfhaus die östliche Grenze.

Siebenhirten (1938: XXV., 1954: XXIII.)

Mitte des 12. Jahrhunderts wurde *Subinhirtin* (sieben Hirten) schriftlich genannt. Ob da die ersten Siedler erwähnt wurden? Die schriftlichen Quellen aus dem Mittelalter, auch aus der frühen Neuzeit, sind äußerst bescheiden.

Der ungeheure Aufschwung begann erst Mitte des 19. Jahrhunderts und übertraf andere Gemeinden eindeutig. Schon wieder müssen wir die Bier- und Ziegelerzeugung erwähnen! In rund 50 Jahren hat sich dadurch die Einwohnerzahl fast verachtfacht!

Sievering (1890: XIX.)

Wie Döbling, Erlaa, Grinzing und Nussdorf erschien auch Sievering im Jahre 1114 in der geschriebenen Geschichte Wiens, allerdings unter dem Namen *Sufrigen.* Die Ortsgründung im 9. Jahrhundert ist wahrscheinlich. (Vergleiche auch die *-ing*-Endung!)
Natürlich gab es im Mittelalter andere Schreibweisen, z. B. *Suueringen.* Der Ursprung dieses Namens ist unbekannt. Der 1156 erwähnte *Rüdiger von Sivring* verdankt seinen Namen wahrscheinlich der Ortschaft (und nicht umgekehrt!) – ähnliche Fälle haben wir schon bei Grinzing und Nussdorf erlebt.
Erste Kirchengründung: 1330. (Blättern Sie bitte zu Neustift zurück!)
Auch hier wurde geteilt, nämlich in Ober- und Unter-Sievering, aber 1832 wurden die beiden Orte wieder zusammengeführt. Diese Zusammenführung war bestimmt keine schlechte Idee, war doch Sievering vor 1890 praktisch nur ein längliches Straßendorf beiderseits der Sieveringer Straße.
Abgesehen von der wohl bekannten Sieveringer Weinseligkeit soll auch das bereits legendäre Filmatelier des Grafen Alexander Kolowrat (Sascha-Film in Sievering, 1914!) erwähnt werden.

Simmering (1890: XI.)

Im Jahr 1028 wurde ein Ort namens *Simmaningen* erwähnt. Doch die Chronisten hatten keine besondere Eile mit der nächsten Dokumentation: erst das Klosterneuburger Salbuch aus dem Jahr 1130 (vergleiche auch Salmannsdorf) berichtet von den Besitzrechten des *Isinrich von Simmanningen,* dessen Nachkommen bis 1398 dokumentiert sind und die in Simmering die Grundherrschaft innehatten.
Trotz dieser frühen schriftlichen Erwähnung nimmt man eine noch frühere Gründung an! Darauf weist die St.-Laurenz-Kirche hin, obwohl sie erst ab 1267 schriftlich belegt ist.
Am Tage des heiligen Laurenz, dem 10. August, gelang es König Otto I.

(936–973, ab 962 Kaiser), in der Schlacht bei Augsburg auf dem Lechfeld den Ungarn eine ungemein empfindliche Niederlage zu bereiten. Etliche Kirchen, die in den nächsten Jahren gegründet wurden, bekamen daher den Namen St. Laurenz: wahrscheinlich auch die Simmeringer Laurenzkirche.

Im August 1791 besuchte Jean Pierre Blanchard Simmering. Das wäre keine Sensation, wenn er nicht aus den Wolken gekommen wäre: er landete nach einer Ballonfahrt und ging damit sogar in die Wiener Literatur ein:

Der Britte, stolz und schwer,
Beherrscht das Meer;
Der Franzmann, leicht wie Duft,
Die Luft.

Die in (fast) allen Vororten stattgefundene Industrialisierung im 19. Jahrhundert ist in Simmering mit einem Namen verbunden: mit dem Namen der Familie Mautner Markhof.

Noch vor einigen Jahrzehnten war die Simmeringer Hauptstraße die wichtigste Verbindungslinie nach Budapest bzw. nach Pressburg – heute verlässt man Wien via Autobahn. Diese Simmeringer Hauptstraße gehört übrigens nicht zu den kurzen Straßen. Die höchste Hausnummer ist hier die 501!

… Und wenn wir jetzt auch noch den 1874 in Simmering eröffneten Zentralfriedhof ausführlich beschreiben wollten, würden wir den Rahmen des Buches sprengen.

Speising (1890: XIII.)

Die erste Erwähnung fand Mitte des 14. Jahrhunderts statt. Der Ursprung des Namens ist leider völlig unbekannt, es gibt keinen anderen Stadtteil Wiens, dessen Geschichte dermaßen schwach dokumentiert wäre. Heute assoziiert man Speising mit dem Orthopädischen Spital.

Spittelberg (1850: VI., 1862: VII.)

Im Mittelalter eine Weide, entstand die Siedlung erst im 16. Jahrhundert. Die Grundherrschaft des Wiener Bürgerspitals begann 1525, die Besitztümer wurden Ende des 17. Jahrhunderts erweitert und so entstand der Name *Spitalberg* oder *Spittelberg.* Auch in der Geschichte Spittelbergs taucht schließlich – wie auch in der Alservorstadt – im 17. Jahrhundert die Bezeichnung *Krowotendörfl* auf.

Wegen der Stadtnähe und seiner hohen Lage eignete sich die Gegend bestens, um Wien anzugreifen und zu beschießen. Davon profitierten 1529 und 1683 die Türken (ohne Erfolg) sowie 1809 die Franzosen (mit Erfolg).

Der heutige Besucher des gemütlichen, musterhaft restaurierten Spittelbergs kann sich kaum vorstellen, dass sich hier einst das verrufenste Viertel Wiens befunden hat. Eine Beschreibung aus dem Jahr 1788 verdient es, zitiert zu werden: *Mir scheint dieser unterhaltliche Ort … den Namen Spittelberg erlangt zu haben, weil er seine Bewohner und Besucher gewöhnlich am Ende ins Spital zu bringen pflegt.* Ignaz Friedrich Castelli, der erfolgreiche Dichter und Schriftsteller, schrieb 1807 auch nicht anders: *Bei Tag standen die Mädchen, die meisten üppig gestaltet, vor der Tür der Kneipe, um vorübergehende Männer … anzulocken …*

Zu den Besuchern (Stammgästen?) des Spittelbergs zählte auch Josef II. Dichtung und Wahrheit lassen sich hier selbstverständlich kaum auseinander halten. Ob es ihm wirklich immer gelungen ist, sein Inkognito zu wahren? Dadurch hatte er aber ab und zu auch erhebliche Schwierigkeiten: *Durch diesen hohen Bogen ist Kaiser Joseph geflogen* – so lesen wir heute noch in einem Spittelberger Gasthaus an der Wand.

Stadlau (1904: XXI., 1938: XXII.)

Stadelove wurde bereits 1150 als Besitz Heinrichs II. Jasomirgott genannt (heute hieße es *Stadel in der Au*). 1196 wurde ein gewisser *Albrecht von Stadelove* erwähnt. Unter *Stadelove* glaubt man *Stätte am Wasser* zu verstehen, was durch die Nähe der Donau gerechtfertigt ist. Am 1. Mai 1234 fand in Stadlau die erste »Gipfelkonferenz« in der Geschichte Wiens statt: Die Schwester des regierenden österreichischen Herzogs Friedrichs II., Konstanze, heiratete den Markgrafen von Meißen, Heinrich den Erlauchten. Unter den Gästen finden wir zwei Könige (Andreas II. von Ungarn und Wenzel I. von Böhmen), außerdem etliche Herzöge, Bischöfe, etc.
1435 verlieh Herzog Albrecht V. Stadlau das Überfuhrrecht. Es handelte sich um die einzige Möglichkeit – nebst Jedlesee –, die Donau zu überqueren, das heißt: die Stadlauer hatten hier eine recht erträgliche Einnahmequelle.
(Heute würde man diese beiden Überfuhrmöglichkeiten mit *Jedlesee – Wien Nord* oder *Stadlau – Wien Süd* bezeichnen).
1848: Vereinigung mit Hirschstetten, 1872: Trennung (vergleiche auch Hirschstetten).

Stammersdorf (1938: XXI.)

Stenmarsdorf wurde bereits unter Herzog Leopold V., dem Tugendhaften (1177–1194), urkundlich erwähnt, der Ursprung des Namens ist unbekannt, es sei denn, die Slawisten haben Recht und die Bezeichnung geht auf den Männernamen *Stojmir* zurück.
Die Stenmarsdorfer (auch: *Staemesdörfer, Staemlesdorfer, Steimarsdorfer* oder *Stamleinsdorfer*) bekamen 1540 eine eigene Pfarre und wurden bald zu einem Zentrum des Protestantismus (ein Feldweg hieß lange Zeit Lutherweg). Der berühmteste Protestant schlug hier sein Quartier aber erst nach der Rekatholisierung auf: Torstenson, der schwedische Heerführer, der 1645 im Dreißigjährigen Krieg Wien be-

drohte. 38 Jahre später, am 24. August 1683, schlug Karl V. von Lothringen bei Stammersdorf eine türkische Armee: der erfolgreichen »Vorspeise« folgte 19 Tage später die »Hauptspeise«: der erfolgreiche Entsatz Wiens.

Erzherzog Karl und Napoleon ..., nein die haben hier nicht gegeneinander gekämpft, sondern einander getroffen. Und zwar am 27. Dezember 1805. Kenner der Geschichte werden jetzt vielleicht aufschreien: Aha, nur einen Tag nach dem Frieden von Pressburg – es muss sich um ein friedliches Zusammentreffen gehandelt haben!

1886, nur ein Jahr nach der Inbetriebnahme der ersten Wiener Dampftramway, konnte man Stammersdorf ebenfalls per Dampfross erreichen.

Seit 1938 gehört auch ein Teil des Bisamberger Hanges zu Stammersdorf. Hier befindet sich der nördlichste Punkt Wiens. Und wenn wir schon beim Bisamberg angelangt sind: er wurde das erste Mal 1108 als *Bousinberg* erwähnt.

Strebersdorf (1904: teilweise, 1910: XXI.)

In einer Aufzeichnung aus dem Jahr 1078 findet man das Wort *Strobersdorf*, daraus wurde 1250 *Strobelinstorf*. Ob es sich um das Dorf des Strobo gehandelt hat, ob um eine Ansiedlung von Strohhändlern – da gehen die Meinungen auseinander. Es handelt sich aber auf keinen Fall um ein Dorf von Strebern!

Auch in der Geschichte Strebersdorfs entdecken wir die Herrschaft des Stiftes Klosterneuburg – allerdings erst im Jahr 1841. 1886 erschienen die Schulbrüder, die auch heute noch eine der renommiertesten Wiener Schulen führen.

Strebersdorf wollte bereits 1904 den Anschluss der ganzen Gemeinde an Wien, realisiert wurde der Plan aber erst 1910.

Strozzigrund (1850: VII., 1862: VIII.)

Im ehemaligen so genannten »dürren Lerchenfeld« kaufte *Maria Katharina Gräfin Strozzi* 1692 ein Grundstück (südlich der oberen Teile der heutigen Josefstädter Straße) und baute ein Palais, dessen Garten sich bis zur heutigen Piaristengasse erstreckte. 1704 gelang es ihr, auch die Grundherrschaft zu erwerben. Diese wurde 1716 verkauft und kam 1724 an Karl VI.

1770 begann man den Garten zu parzellieren – der Entstehung einer Vorstadtgemeinde stand nunmehr nichts im Wege. Das einstige Palais der Gräfin steht heute noch und dient als Finanzamt.

St. Ulrich (1850: VI., 1862: VII.)

1202 wurde ein *locus* (Ort) namens *Zeizmanebrunnen* genannt. (Denken Sie an die heutige Zeismannsbrunngasse!) Ob dieser Name wegen eines dort befindlichen Ziehbrunnens entstanden ist, wie es im 19. Jahrhundert noch behauptet wurde – wer weiß?

Der ob seines sagenhaften Reichtums berühmte Münzmeister Dietrich stiftete hier eine dem heiligen Ulrich geweihte Kapelle. 1302 verschwand der Name Zeismannsbrunn zugunsten der neuen Bezeichnung *St. Ulrich.* Die Siedlung gehörte dem Wiener Schottenstift; aus St. Ulrich entstanden später weitere Vorstädte: Spittelberg, Schottenfeld (Oberes Gut), Neubau (vergleichen Sie bitte auch dort). Unser St. Ulrich hieß auch *Neustift Unteres Gut.*

St. Veit (1890: XIII.)

Eine Urkunde aus dem Jahr 1195 nennt *Albert und Ernst de Sancto Vito (St. Veit)*. Die geschriebene Geschichte der Ortschaft ist allerdings älteren Datums: Poppo, Sohn des ersten Babenbergerherrschers (das war Markgraf Leopold I., der Erlauchte, 976–994), bekam 1015 ein

schönes Stück Land in *Godtinesfeld*, der Vorgängergemeinde von Unter St. Veit. Noch älteren Datums ist die menschliche Besiedlung: 1969 wurde eine paläolithische Siedlung im heutigen Ober St. Veit gefunden – es sind dies die ältesten Spuren menschlichen Lebens im heutigen Wien (lockere 20.000 bis 25.000 Jahre alt)!
Weitere Bezeichnungen aus dem späten Mittelalter: »An der Wien« und »Auf der Wien«.
St. Veit litt unter den Truppen des Matthias Corvinus im 15. Jahrhundert (unter den Türken erst recht). Nach 1800 wurde die Ortschaft erheblich vergrößert, die neuen Teile hießen *Neudörfl*. Dieses Neudörfl wurde aber bald in Unter St. Veit umbenannt, logischerweise hieß der ältere Ortskern Ober St. Veit. Unter und Ober St. Veit wurden 1867 offiziell voneinander getrennt.
Die Unabhängigkeit der beiden Ortschaften dauerte bekanntlich bis in das Jahr 1890, also nur 23 Jahre lang. (Die kürzeste Lebensdauer aller an Wien angeschlossenen Gemeinden.)

Süßenbrunn (1938: XXI., 1954: XXII.)

Ein *Prunnen*, also ein Brunnen, wurde bereits 1200 schriftlich erwähnt, ob mit süßem oder nicht süßem Wasser, steht nicht fest. Aber *Süßenbrunn* hat mit der Qualität oder mit dem Geschmack des Wassers nichts zu tun, sondern mit Herrn *Urban Süeß*, dessen Güter hier, nämlich nordöstlich von Breitenlee, bereits im Jahre 1583 dokumentiert sind (samt Schloss Süßenbrunn).
Fährt man heute aus dem Stadtzentrum nach Süßenbrunn, so ist die Wagramer Straße die ideale Verbindung. Interessanterweise verlässt man aber Wien noch vor der Ankunft! Knapp vor Süßenbrunn schiebt sich ein Teil Niederösterreichs keilförmig ins Wiener Stadtgebiet, die schnurgerade Straße führt also durch »fremdes« Gebiet und nach einigen Minuten ist man wieder in Wien.

Thurygrund (1850: VIII., 1862: IX.)

Vor Alters hier ein Dorf Standt
Welches Siechenals genandt,
Als Man Zelt Anno 1529 Jahr
Von Türken zersteret war.
An jetzo Als Man 1646 Sagt,
Johan Thury diß Haus erbaut hat.

Dies verkündete einst ein in Stein gehauener Text. Das heißt von einem »Thurygrund« kann man erst seit Mitte des 17. Jahrhunderts reden (auch *Thury, Am Thury* oder *Thuryvorstadt* genannt). Der Grund gehörte früher zum Dorf *Siechenals.* (Ein wasserarmer Nebenarm der Als hieß *die sieche Als.* Sieche auch ... Pardon: siehe auch bei Michelbeuern!)
Der Thurygrund gehörte zu den kleinsten Vorstädten, bestand aber aus zwei Teilen, die miteinander keinen Kontakt hatten. Der größere Teil befand sich zwischen der Alservorstadt, Rossau, Althangrund, Lichtental und Himmelpfortgrund. Das Zentrum war ungefähr beim heutigen Schubertbrunnen, bei der Einmündung der Boltzmanngasse in die Kreuzung Alserbachstraße – Liechtensteinstraße. Der kleinere Teil lag eingezwickt zwischen dem Linienwall im Nordwesten, dem Himmelpfortgrund und dem Lichtental im Osten und Süden.
1786 übernahm die Stadt Wien die Grundherrschaft.

Unter-Baumgarten (1890: XIII., 1938: XIV.)

Vergleiche: Baumgarten

Unterdöbling (1890: XIX.)

Vergleiche: Döbling

Unterlaa (1938: XXIII., 1954: X.)

Was den Namen *Unterlaa* betrifft: lesen Sie bitte bei Oberlaa nach. Mag Unterlaa noch so klein sein, es beherbergt wahrscheinlich das älteste Kirchengebäude Wiens: die Johanneskirche muss zwischen 1015 und 1045 gebaut worden sein (dies wurde mit der berühmten Radiokarbonmethode – oder C_{14}-Isotopenmethode – festgestellt).
Geschichtlich tritt Unterlaa erst 1271 auf. Es wurde an den Johanniterorden verkauft und gehörte ihm bis zur Abschaffung der Grundherrschaften anno 1848. 1292 wurde sogar eine Burg erwähnt, die 1529 wieder zerstört wurde.
Was die Vereinigung mit Wien im Jahr 1938 betrifft: Unterlaa wurde nicht an den heutigen XXIII., sondern an den damaligen XXIII. Bezirk (Schwechat) angeschlossen (vergleiche auch Oberlaa).
Und in Unterlaa finden wir den südlichsten Punkt der Bundeshauptstadt.

Unter-Meidling (1890: XII.)

Vergleiche: Meidling

Unter St. Veit (1890: XIII.)

Vergleiche: St. Veit

Währing (1890: XVIII.)

… *in possessione nostra Warich* las man bereits 1170. Aus *Warich* wurde *Werech*, dann *Werich*, 1409 bereits *Waering*, 1651 Währing.
Woher kommt das Wort?
Das Wort v*ariti* oder *vařit* ist slawischen Ursprungs und hieß im 12.

Jahrhundert *sieden*. *Var* ist eine heiße Quelle. Man braucht also kein Sherlock Holmes zu sein, um den Ursprung des Namens mit heißen Quellen in Verbindung zu bringen, wobei der Schreiber dieser Zeilen feststellt, dass man den Währinger Bach sicher nicht als heiße Heilquelle registrieren kann. Allerdings gab es (nach mündlicher Überlieferung) warme Quellen in Pötzleinsdorf, die Brünnlbader Quellen sind ab 1391 schriftlich dokumentiert (beide zwar außerhalb des ursprünglichen Währinger Gebiets, aber nicht sehr weit entfernt).

Und wenn die Slawisten eine Fachmeinung vertreten, findet man auch das Gegengutachten der Germanisten: *War* heißt im Althochdeutschen *Werd* (oder Insel, vergleiche auch Leopoldstadt), *Aha* heißt Fluss, es handelt sich also laut dieser Theorie um einen Fluss. Und *Währing* kommt demzufolge von einem bayrischen Bachnamen: *Uuarihha* oder *Warihha* – so wurde z. B. auch aus *Madalihha* Mödling (und da gibt es natürlich auch eine Gegenexpertise der Slawisten).

So viel zu den sprachwissenschaftlichen Streitereien. Die dritte Version lautet, dass der Name auf den Abt *Werigandus* von Michelbeuern zurückgeht.

Der mittelalterliche Ortskern lag zwischen der heutigen Gentzgasse und der äußeren Währinger Straße. Im 19. Jahrhundert sorgten das Cottageviertel, der Türkenschanzpark, aber auch die Hochschule für Bodenkultur für einen elitären Charakter des Bezirks.

Währing war – wie wir in der Einleitung festgestellt haben – der erste Vorort, der für die Eingemeindung an Wien eintrat! Mit 11 gegen 7 Stimmen plädierten die Gemeindeväter für den Anschluss – man erhoffte sich mehr Förderungen kommunaler Einrichtungen.

Nun, auf die Vereinigung mussten die Währinger noch ein paar Jahre warten, aber der neue XVIII. Bezirk sollte dann der Geburtsort des österreichischen Skisports werden. (Der Autor hofft, seine Tiroler Leser nicht zu vergrämen!) Der 1892 in Pötzleinsdorf gegründete »Niederösterreichische Ski-Verein« wurde 1894 umbenannt und hieß fortan »Österreichischer Ski-Verein« (natürlich standen einige Norweger Pate, war doch Norwegen das Ski-Mutterland). Im XVIII. Bezirk fand auch der erste Ski-Wettlauf in Österreich statt und 1896 bereits die erste Skisprungkonkurrenz!

Weinhaus (1890: XVIII.)

Weinhaus ist als Dorf seit 1349 nachweisbar. Die Grundherrschaft gehörte lange Zeit der Pfarre Hütteldorf. Verdankt die Ortschaft den einst hier befindlichen Wirtshäusern ihren Namen? Oder dem bereits 1267 aufscheinenden Bürger *Chunradus dictus de Winhus?* Allerdings kann man diesen Konrad oder Chunradus mit der heutigen Weinhauser Gegend nicht in Zusammenhang bringen. War es also doch der Weinbau?
Welche Theorie auch stimmen mag: der Weinbau bescherte Weinhaus im späten Mittelalter einen beträchtlichen Wohlstand, der durch die beiden Türkenbelagerungen unterbrochen wurde – was uns nicht überrascht.
Weinhaus befand sich südlich des heutigen Sternwarteparks.

Weißgerbervorstadt (1850: III.)

Früher führte man den Namen auf *Wyrocheberg* zurück: die Bezeichnung galt für das Gebiet der Weißgerbervorstadt schon im 13. Jahrhundert, aber diese Theorie wurde im 19. Jahrhundert verworfen.
Kaiser Ferdinand I. beschloss 1561 die Lederer, die Rotgerber und die *Weißgerber* von der linken Seite des Wienflusses auf die rechte Seite zu verlegen. Ihr Viertel hatte vor dem Stubentor gelegen – jetzt kamen sie auf das andere Wienufer.
Durch das Gebiet der Weißgerber führte der Weg zur Gänseweide (vergleiche Erdberg); der stadtwärts gelegene Teil der Unteren Weißgerberstraße hieß ja nicht zufällig Armensündergassel.
Die Gegend hieß damals *Alt-Tunaw-Gemeinde*, daraus wurde *Alt-Tunaw-Gemeinde der Weißgerber.*

Auf ihre erste eigene Kirche mussten die Leute ziemlich lange warten: Eine Legende berichtet, dass an nur einem Tag im Jahr 1673 drei Kinder des Fleischermeisters Urban König an den Masern gestorben waren. Eine Woche später hatten die tieftraurigen Eltern denselben Traum: die Kinder erschienen und erklärten, in eine bessere Welt, eben zu Gott, berufen worden zu sein. Aus Dankbarkeit sollten die Eltern eine schöne Kirche bauen.

Das taten die Eltern! Aber schon zehn Jahre später wurde die Kirche bei der zweiten Türkenbelagerung zerstört. Der Neubau erfolgte in der Nähe des heutigen Gebäudes der Rettungsgesellschaft.

Zeitgleich erfolgte die Erhebung zur Vorstadt auf Wunsch Leopolds I. – jetzt bereits unter dem Namen *Unter den Weißgerbern.* Weitere Bezeichnungen im Laufe der Zeit: Weißgerbergrund, Weißgärber.

1755 entstand in der Weißgerbervorstadt das Hetztheater (in der heutigen Hetzgasse).

Was waren das für Hetzen?

Kaiser Karl VI. (1711–1740) kam bekanntlich nach dem unerwarteten Tod seines älteren Bruders aus Spanien nach Wien. Seine spanischen Begleiter und Berater brachten die Idee der Tierhetzen nach Wien: wilde Tiere wurden zwecks Publikumsbelustigung aufeinander gehetzt. Das 1755 erbaute Theater war eindeutig das größte und wichtigste Zentrum dieser Unterhaltung. Durch ein altgriechisch gestaltetes Tor kamen die Zuschauer in ein drei Stockwerke hohes Gebäude, zahlten einen Eintritt von zehn Kreuzern für Plätze im dritten Stock bis 1 Gulden und 20 Kreuzer für bessere Plätze (nach dem heutigen Kaufwert 30–35 Euro), um den Todeskampf der aufeinander gehetzten Stiere, Wildschweine, Kampfhunde, Bären, Löwen etc. zu genießen. »Gespielt« wurde zwischen März und September jeden Sonntagnachmittag, die Vorstellungen dauerten anderthalb Stunden, die Anlage fasste 3.000 Plätze.

Am 1. September 1796 brannte das Hetztheater aus, fast alle Tiere kamen im Feuer um. Das war aber auch das Ende der Tierkämpfe in Wien. Kaiser Franz II./I. verhinderte den Neubau des Hetztheaters: *Neu erbaut soll die Hetze nicht mehr werden, sie bot immer für mich ein Schauspiel, das mich anwiderte und von dem ich nie begriff, wie denn meine Wiener es mit Vergnügen sehen konnten.*

Wieden (1850: IV.)

Herzog Leopold VI., der Glorreiche, gründete das Spital zum Heiligen Geist (es lag auf dem rechten Ufer der Wien, gegenüber dem heutigen Verkehrsbüro). Der Stiftungsbrief dieses glorreichen Babenbergers trug das Datum 27. Mai 1211, die Lage des Spitals wurde in der Urkunde genau lokalisiert: in einem Gebiet *vulgariter widem dicitur*, das heißt in einem Gebiet, das man normalerweise als *widem* bezeichnet.
Unter *widem* verstand man im 13. Jahrhundert ursprünglich die Dotierung einer Kirche mit Grundbesitz. Das damalige Widem lag zwischen der Wien und der heutigen Karlsgasse (Zentrum: Rilkeplatz). Und in einer Urkunde Rudolfs IV., des Stifters, aus dem Jahre 1363 steht statt Widem schon das uns bekannte Wort *Wieden* (aber statt des heutigen Wortes *Wien* hieß es noch *Wienne*).
Es gab früher noch eine Erklärung für das Wort »Wieden«. Man brachte es mit dem althochdeutschen *Wyd* (= gefälltes Holz) in Zusammenhang.
Wieso das? Wieden war ja nicht weit weg vom *Widmertor*!
Kennen Sie das Widmertor?
Wenn Sie das nächste Mal den Inneren Burghof Richtung Heldenplatz verlassen, wählen Sie den linken Durchgang. Dort sehen Sie auf der rechten Seite eine Gedenktafel, die auf das einst hier befindliche Widmertor hinweist. Der heutige Kohlmarkt hat mit Kohl als Gemüse nichts zu tun, hat man hier doch einst mit Holzkohle gehandelt: darauf wies das Widmertor hin.
Ob das wirklich mit der Wieden zusammenhängt? Immerhin ist das eine ganz schöne Entfernung!
Was aber die Vorstadt Wieden betrifft, verdankte sie der hier verlaufenden Verkehrsverbindung nach Süden Wohlstand und Entwick-

lung. Die Wiedner Hauptstraße muss hier bestimmt nicht vorgestellt werden (dass sie aber seit der Zeit Maria Theresias bis ins Jahr 1850 *Altwiedner Hauptstraße* geheißen hat, ist wahrscheinlich weniger bekannt).
Die erwähnte Verbindung nach Süden prägt den IV. Bezirk heute noch: die Bedeutung der Wiedner Hauptstraße ging nicht verloren (die Favoritenstraße führt ja auch südwärts). Auch die Technische Universität soll nicht unterschlagen werden!
Und wir haben nicht vergessen, dass Wieden (als IV. Bezirk) 1850 wesentlich größer gewesen ist als heute! Der gesamte V. Bezirk gehörte dazu, auch ein schönes Stück des heutigen X. Bezirks (die zentral liegenden Gebiete zwischen Laxenburger Straße und Arsenalstraße).

Windmühle (1850: V., 1862: VI.)

Wenn's noch so unglaublich klingen mag: diese Gemeinde verdankt ihren Namen nicht irgendeinem Herrn Windmühl, auch nicht irgendeinem althochdeutschen oder altslawischen Wort, sondern tatsächlich den *Windmühlen,* deren Bau Ferdinand I. 1562 angeordnet hat. Eine Schenkung an seinen Herold war nämlich mit der Bedingung verknüpft, der Beschenkte möge diese Windmühlen errichten.
Interessanterweise bestand die Ortschaft aus zwei Teilen, die miteinander überhaupt keine Verbindung hatten: die *Obere Windmühle* könnte man heute mit der Stumpergasse lokalisieren, die *Untere Windmühle* mit der Gegend der Windmühlgasse.
Das Gebiet ist auch unter dem Namen *Windmühlgrund* bekannt.

Zwischenbrücken (1850: II., 1900: XX.)

Das Gebiet zählte ursprünglich zum Unteren Werd (vergleiche Leopoldstadt) und lag zwischen zwei Donauarmen. 1850 an die Brigittenau angeschlossen, entwickelte sich Zwischenbrücken gemeinsam mit diesem Bezirk bis 1873, dann wurde der Stadtteil geschleift. Heute wäre Zwischenbrücken zwischen der Dresdner Straße und dem Handelskai, südöstlich der Innstraße (einst Lunstraße), gelegen.

Das war alles!
Haben wir nichts vergessen? Da war aber noch ein Stadtteil Wiens …
Ja, sicher, das eigentliche historische Wien, die Innere Stadt!

Innere Stadt (I. Bezirk)

Hier errichteten die Römer im späten 1. Jahrhundert das Militärlager Vindobona (ungefähr zwischen den heutigen Straßenzügen Tiefer Graben – Naglergasse – Graben – Kramergasse – Rothgasse – Salzgries), jene Stadt, von der nach dem Zusammenbruch des Römischen Imperiums im 5. Jahrhundert keine einzige schriftliche Quelle berichtet – erst im Jahr 881 wird wieder *Wenia* erwähnt. Die Salzburger Annalen (um ganz genau zu sein: *Annales Juvavenses maximi* – Salzburg hieß nämlich auf Lateinisch *Juvavum*) berichteten kurz und bündig: *Primum bellum cum Ungaris ad Weniam.* Der Satz ist auch ohne tiefschürfende Lateinkenntnisse verständlich: Der erste Krieg mit den Ungarn bei Wien.
Die nächste Erwähnung erfolgt rund 150 Jahre später anno 1030. Dann ging es flotter weiter, 1137 wird Wien bereits *civitas* (Stadt) genannt und 1156 vom zum Herzog avancierten Babenbergerherrscher Heinrich II. Jasomirgott als Residenzstadt auserkoren. Unter Herzog Leopold VI. ist Wien bereits die zweitgrößte Stadt des Reichs und kulturelles Zentrum, die Vergrößerung der Stadt wird abgeschlossen, es entsteht eine neue Stadtmauer (entsprechend der heutigen Ringstraße).
Jetzt geht's blitzschnell weiter: 1365 wird Wien Universitätsstadt, 1452 mit der Krönung Friedrichs III. Kaiserstadt und 1469 Bischofssitz. 1485 gelingt es dem Ungarnkönig Matthias Corvinus, Wien kampflos einzunehmen (den Türken gelang es 1529 und 1683 auch

in blutigen Kämpfen nicht). 1704 entsteht eine zusätzliche Verteidigungsanlage: der Linienwall. 1723 wird aus dem Wiener Bischof ein Erzbischof, einige Jahrzehnte später beginnt Wien seine große internationale Rolle als Zentrum der Musik und der Medizin. Da es Napoleon trotz Stadtmauer und Linienwall zweimal gelingt, die Stadt zu erobern, verschwinden diese Stadtbefestigungen im 19. Jahrhundert. 1910 ist Wien bereits das Zentrum eines 52-Millionen-Reiches.

Heute, fast hundert Jahre später, nach zwei Weltkriegen, Inflation, Elend und Arbeitslosigkeit, nach Diktaturen, nach organisiertem Massenmord, nach Vertreibungen, Bombardierungen, Zerstörungen, ausländischer Besatzung – und nach einem fantastischen Wiederaufbau in den vergangenen Jahrzehnten sind es rund anderthalb Millionen Einwohner. Und das 52-Millionen-Reich wich bekanntlich einer Republik mit acht Millionen Menschen.

Aber nun endlich die wichtigste Frage: warum heißt Wien Wien?

Der Name der Römerstadt *Vindobona* soll keltischen Ursprungs sein. Keltisch war auch der Name des Wienflusses: *Vêdunia.* Lassen wir die Linguisten zu Wort kommen: der keltische Herr *Vindos* soll ein Gut (ein Anwesen, einen Besitz) gehabt haben. Gut = *Bona.* Und so entstand in der Römerzeit das Wort Vindobona.

Hat sich dieser Name über ein halbes Jahrtausend gerettet? Geht Wien auf Vindobona zurück? Möge nunmehr der große österreichische Historiker, der Mediävist Dr. Karl Lechner (1897–1975), zitiert werden:

Wohl war um das Jahr 400 das Römerlager Vindobona und die Zivilstadt, im heutigen 3. Gemeindebezirk nach dem keltischen Namen des Wienflusses Vêdunia benannt, weitestgehend zerstört und verbrannt. Aber die Bewohner der Stadt und später auch noch andere Leute aus der Umgebung fanden Schutz innerhalb des alten Römerlagers, dessen Mauern im letzten Drittel des 13. Jahrhunderts noch standen. Der Name Wien kam über die germanische Bevölkerung – ohne slawische Vermittlung – spätestens am Ende des 8. Jahrhunderts ins Deutsche (Bairische), wenn er auch erst 881 in der lateinisierten Form Wen(n)ia genannt wird.

Spätere Schreibversionen lauten auch *Biena, Hyenis, Vienni, Wene, Wiene, Wienne, Windopolis, Winna* – und wenn wir die bereits widerlegte Theorie akzeptieren, dass Wien der alten Römerstadt Favianis entspricht, dann auch *Favie* oder *Favianis*.

Bezirkstabelle: Gemeinden, Einwohner, Größe

Diese Tabelle zeigt den heutigen Stand und nimmt keine Rücksicht auf die zwischen 1850 und 1954 erfolgten Änderungen. Jene Vorstädte, die beim Anschluss an Wien geteilt wurden, werden nur einmal angegeben (immer der größere Teil).

Name des Bezirks	**Einwohner 1961 bzw. 2001**		**Fläche in km²**
I. Innere Stadt	32.243	17.056	3,01
II. Leopoldstadt Jägerzeile, Leopoldstadt	108.144	90.914	19,26
III. Landstraße Erdberg, Landstraße, Weißgerbervorstadt	114.795	81.281	7,38
IV. Wieden Schaumburgergrund, Wieden	46.441	28.354	1,79
V. Margareten Hundsturm, Hungelbrunn, Laurenzergrund, Margareten, Matzleinsdorf, Nikolsdorf, Reinprechtsdorf	69.548	49.111	2,03
VI. Mariahilf Gumpendorf, Laimgrube, Magdalenengrund, Mariahilf, Windmühle	41.216	27.867	1,48
VII. Neubau Neubau, St. Ulrich, Schottenfeld, Spittelberg	45.544	28.292	1,61
VIII. Josefstadt Altlerchenfeld, Breitenfeld, Josefstadt, Strozzigrund	36.027	22.572	1,08

IX. Alsergrund Alservorstadt, Althangrund, Himmelpfortgrund, Lichtental, Michelbeuern, Rossau, Thurygrund	64.929	40.416	2,99
X. Favoriten Favoriten, Inzersdorf (teilweise), Oberlaa, Rothneusiedl, Unterlaa	134.761	150.636	31,80
XI. Simmering Albern, Kaiser-Ebersdorf, Simmering	48.367	76.899	23,26
XII. Meidling Altmannsdorf, Gaudenzdorf, Hetzendorf, Ober-Meidling, Unter-Meidling	89.854	78.268	8,15
XIII. Hietzing Hacking, Hietzing, Lainz, Ober St. Veit, Speising, Unter St. Veit	54.191	49.574	37,69
XIV. Penzing Baumgarten, Breitensee, Hadersdorf-Weidlingau, Hütteldorf, Penzing	86.656	78.169	33,82
XV. Rudolfsheim-Fünfhaus Fünfhaus, Rudolfsheim, Sechshaus	94.100	64.895	3,86
XVI. Ottakring Neulerchenfeld, Ottakring	110.809	86.129	8,64
XVII. Hernals Dornbach, Hernals, Neuwaldegg	63.252	47.610	11,34
XVIII. Währing Gersthof, Pötzleinsdorf, Währing, Weinhaus	65.109	44.992	6,28
XIX. Döbling Grinzing, Heiligenstadt, Josefsdorf, Kahlenbergerdorf, Neustift am Walde, Nussdorf, Oberdöbling, Salmannsdorf, Sievering, Unterdöbling	66.171	64.030	24,90

XX. Brigittenau Brigittenau, Zwischenbrücken	75.671	76.268	5,66
XXI. Floridsdorf Donaufeld, Floridsdorf, Jedlersdorf, Jedlesee, Leopoldau, Stammersdorf, Strebersdorf	80.839	128.228	44,51
XXII. Donaustadt Aspern, Breitenlee, Essling, Hirschstetten, Kagran, Kaisermühlen, Stadlau, Süßenbrunn	57.137	136.444	102,28
XXIII. Liesing Atzgersdorf, Erlaa, Inzersdorf Kalksburg, Liesing, Mauer, Rodaun, Siebenhirten	41.762	84.718	32,02

Ganz kurzer Kommentar zur Datenflut:
Sollten Sie die Flächen der 23 Bezirke addieren und mit der offiziellen Wien-Statistik vergleichen, dann werden Sie fragen, wo der Fehler liegt und warum die Summe der Bezirksflächen mit der Gesamtfläche Wiens nicht identisch ist. Nun, minimale Abweichungen sind durch Auf- und Abrundungen möglich, außerdem zeigen sich verschiedene Ergebnisse durch neue (und genauere) Messungen. Die neueste Messung (2003) ergab 41.490 Hektar oder 414,9 Quadratkilometer.
Warum die heutige Einwohnerstatistik mit dem Stand von 1961 verglichen wird, ist eindeutig: seither fanden keine bedeutenden geografischen Änderungen statt, man kann das heutige Gebiet mit dem damaligen Gebiet vergleichen – bei älteren Statistiken wäre das nicht der Fall gewesen. Wien verlor in diesen 40 Jahren 77.443 Einwohner (die Bevölkerung sank von 1.627.566 Einwohnern auf 1.550.123). Der I., IV., VI., VII. und der VIII. Bezirk verloren fast die Hälfte ihrer Bevölkerung. (Hätten wir diese Zahlen mit 1951 verglichen, wäre es etwa im Falle der Inneren Stadt mehr als die Hälfte der Bevölkerung gewesen.)
Umso beträchtlicher ist die Entwicklung in manchen Außenbezirken! Der XXII. und der XXIII. Bezirk haben sich bevölkerungsmäßig mehr als verdoppelt – wie die Vorstädte Anfang des 19. Jahrhunderts! Favoriten, Simmering, Brigittenau und Floridsdorf sind auch stärker geworden.
Es kann aber nicht die Aufgabe dieses Büchleins sein, tief schürfende Analysen zu liefern oder gar Strategien für die Zukunft zu entwickeln.

Quellenverzeichnis

Archivmaterial

Die Gemeinde-Verwaltung der Stadt Wien in den Jahren 1889–1893 (Bericht des Bürgermeisters Dr. Raimund Grübl) (Wien 1895).
KOSTAL: Zusammenstellung der Gesetze, Verordnungen, Kundmachungen und Gemeinderatsbeschlüsse betreffend die Änderungen der Wiener Stadt- und Bezirksgrenzen von 1850 bis 1960 (o. J.).
Protokolle der öffentlichen Sitzungen des Gemeinderathes der k.k. Reichshaupt- und Residenzstadt Wien (Wien 1861).
Rathauskorrespondenz (Wien 1946).
Stenographische Protokolle des Landtages für das Erzherzogthum Österreich unter der Enns (Wien 1890).

Dissertationen

MAYER: Gebietsänderungen im Raume Wien 1850–1910 und die Debatten um das Entstehen eines Generalregulierungsplanes von Wien (Dissertation an der philosophischen Fakultät der Universität Wien 1972).

Elektronische Medien

www.statistik.at
www.wien.gv.at
thr@m66.magwien.gv.at

Jahrbücher, Kataloge, Lexika, Nachschlagwerke, Reisebücher

BAEDEKER: Österreich (Leipzig 1910).
BAMBERGER – BRUCKMÜLLER – GUTKAS: Österreich-Lexikon (Bde. I–II) (Wien 1995).
CSENDES – MAYER: Die Wiener Straßennamen (Wien 1987).
CZEIKE: Historisches Lexikon Wien, Bde. I.–V. (Wien 1992–1997).
CZEIKE: XI. Simmering (Wien – München 1980).
CZEIKE: XIII. Hietzing (Wien – München 1982).
CZEIKE: XIV. Penzing (Wien – München 1979).

GANTNER: Vom Bach zum Bachkanal: DIE ALS (Wien o. J.).
JAHRBUCH DER STADT WIEN (Wien 1954).
KLEIN: Das große Hausbuch der Heiligen (Wien 1984).
KLEINDEL: ÖSTERREICH – Daten zur Geschichte und Kultur (Wien 1995).
KOUTEK: Wien – Straßen, Gassen, Plätze erzählen Geschichte (Wien 1977).
KRETSCHMER: XVIII. Währing (Wien – München 1982).
MAYER: V. Margareten (Wien – München 1982).
MÜHLHAUSER: Museum Aspern 1809 (Wien o. J.).
MÜLLBAUER: XXII. Donaustadt (Wien – München 1985).
NEUESTER FÜHRER UND WEGWEISER mit sämtlichen Straßen, Gassen und Plätzen, mit Postzustell-, Bezirks- u. Zugangsangaben sowie Straßenbahnsignalen nebst Angaben der Ämter, Behörden und Sehenswürdigkeiten von WIEN (Wien 1946).
OPPL: XXIII. Liesing (Wien – München 1981).
SCHEUCH: Historischer Atlas Österreich (Wien 1994).

Landkarten, Stadtpläne

BERGER: Plan der Stadt Wien und der Vororte (Wien 1887).
CATASTRAL-PLAN DER K. K. REICHSHAUPT- UND RESIDENZSTADT WIEN (Wien 1883).
GROSS-WIEN (Wien 1938).
KARTE DER UMGEBUNG WIEN'S (Wien 1885).
NEUESTER PLAN DER K. K. REICHSHAUPT- UND RESIDENZSTADT WIEN, DER VORORTE UND UMGEBUNG (Wien 1883).
PLAN VON WIEN MIT SEINEN VORSTÄDTEN SOWIE VON DEN ORTSCHAFTEN: Weinhaus, Währing, Hernals, Neulerchenfeld, Fünf- und Sechshaus, Rustendorf, Braunhirschen, Reindorf, Gaudenzdorf und Theilen von Ottakring, Meidling und Simmering (Wien 1850).
WIEN 4r BEZIRK: WIEDEN (Wien 1863).
ZIEGLER: Polizey – Bezirk Neubau oder St. Ulrich (Wien 1836).

Literatur

ARBEITSGEMEINSCHAFT »HEIMATKUNDE DÖBLING«: Döbling, Band I (Wien 1922).

ARBEITSGEMEINSCHAFT »WÄHRINGER HEIMATKUNDE«: Währing, Bde. I–III (Wien 1923–1925).

BLÜMEL: Die Geschichte der Entwicklung der Wiener Vorstädte (Wien 1884).

BRANDSTÄTTER - TREFFER: Stadtchronik Wien (Wien - München 1986).

CZEIKE - LUGSCH: Studien zur Sozialgeschichte von Ottakring und Hernals (Wien 1955).

FABER: Neubau (Wien 1995).

FEDERMANN: Wiener Geschichten - Geschichte Wiens (Tübingen - Basel 1968).

GEPP: Die Bedeutung der Donau für die österreichische Transportwirtschaft (Wien 1983).

GUGITZ: Die Sagen und Legenden der Stadt Wien (Wien 1952).

HANSEN-SCHMIDT: Donaustadt (Wien 1992).

HAVELKA: Simmering (Wien - München 1983).

HEROLD: Brigittenau (Wien 1992).

HINKEL-SYKORA: Der XXI. Bezirk Floridsdorf (Wien 1972).

HOFBAUER: Die Alservorstadt mit den ursprünglichen Besitzungen der Benediktinerabtei Michelbeuern (Wien 1861).

HOFBAUER: Die Wieden mit den Edelsitzen Conradswerd, Mühlfeld, Schaumburgerhof und dem Freigrunde Hungelbrunn (Wien 1864).

KISCH: Die alten Straßen und Plätze von Wien's Vorstädten und ihre historisch interessanten Häuser, Bde. V u. VIII (Wien 1888), Bde. IX, X XI, XII (Wien 1895).

KISELA-WELSER - NOVOTNY: Stadlau erinnert sich (Wien 1988).

KLUSACEK: Zu Besuch im alten Wien (Wien 1985).

KLUSACEK - STIMMER: Döbling (Wien 1992).

KLUSACEK - STIMMER: Hietzing (Wien 1977).

KLUSACEK - STIMMER: Leopoldstadt (Wien 1978).

KLUSACEK - STIMMER: Meidling (Wien 1996).

KLUSACEK - STIMMER: Ottakring (Wien 1983).

KLUSACEK - STIMMER: Rudolfsheim Fünfhaus (Wien 1978).

KRETSCHMER: Mariahilf (Wien 1992).

LECHNER: Die Babenberger (Wien 1985).

MAYER: Margareten - sechs Vorstädte, ein Bezirk (Wien 1992).

MESSNER: Die Josefstadt im Vormärz (Wien 1973).
MESSNER: Die Wieden im Vormärz (Wien 1975).
ÖSTERREICHISCHER INGENIEUR- UND ARCHITEKTENVEREIN: Wien am Anfang des XX. Jahrhunderts, Band I. (Wien 1905).
PERFAHL: Wien Chronik (Salzburg 1985).
ROSKOSNY: Liesing (Wien 1979).
ROTTER: Die Josefstadt (Wien 1918).
ROTTER: Neubau (Wien 1925).
SCHMIDT: Zwischen Bastei und Linienwall (Wien 1946).
SCHUBERT: Favoriten (Wien 1992).
SELIGER – UCAKAR: Wien. Politische Geschichte 1740–1934, Band I (Wien – München 1985).
SZEGÖ: Ungarisches Wien (Wien 1998).
SZEGÖ: Vorstadtspaziergänge – Das alte Wien zwischen Ring und Gürtel (Wien 2004).
TEPLY: Türkische Sagen und Legenden um die Kaiserstadt Wien (Wien – Köln – Graz 1980).
TROST: Die Donau (Wien 1974).
WENDELBERGER: Grüne Wildnis am großen Strom (St. Pölten 1982).
WEYR: Wien – Zauber der Vorstadt (Wien – Hamburg 1969).
WOHLRAB: Penzing (Wien – München 1985).
WOLF: Alsergrund-Chronik (Wien 1981).
ZENS: Wien in Sage und Legende (Wien 1953).
ZIAK: Das neue Landstraßer Heimatbuch (Wien 1975).
ZIAK: Des Heiligen Römischen Reiches größtes Wirtshaus (Wien – München 1979).

Periodika, Zeitungen

ALLGEMEINE ÖSTERREICHISCHE ZEITUNG (Wien 1848).
AMTSBLATT DER STADT WIEN (Wien 1938).
DAS KLEINE VOLKSBLATT (Wien 1954).
WIENER ALLGEMEINE ZEITUNG (Wien 1890, 1905).